Lettres d'un Jésuite
à M. Waldeck-Rousseau

Lettres

d'un Jésuite

à M. Waldeck-Rousseau

PARIS

Librairie B. BLOUD

4, RUE MADAME ET RUE DE RENNES, 59

LETTRES D'UN JÉSUITE A M. WALDECK-ROUSSEAU

Les lettres réunies dans ce petit livre de combat ont d'abord paru dans l'*Univers*. Elles y furent précédées d'une très courte préface. On a trouvé utile de la reproduire ici et inutile d'y ajouter quoi que ce fût.

Sont-elles d'un Jésuite les « Lettres d'un Jésuite » ? Qu'on soutienne le oui, qu'on soutienne le non, peu importe. Ce qui importe, c'est que l'auteur soit au courant de sa matière, qu'il ne dise rien que ce qu'il sait. Mérite modeste à coup sûr et toutefois mérite assez rare. Tout lecteur sérieux le reconnaîtra dans la série qui commence.

PRÉFACE

Ces lettres sont une œuvre de fantaisie et de combat. La fantaisie y tient peu de place, très peu; elle sert de voile presque transparent à la vérité parce que la vérité toute nue serait meurtrière et délatrice.

Nous vivons dans un temps où les honnêtes gens et les catholiques n'ont pas le droit de nommer leurs amis, sans les compromettre, sans les exposer aux rigueurs du pouvoir, aux perquisitions de la Maçonnerie.

Les choses que l'auteur montre, il les a vues, mais il ne peut indiquer leur place; les hommes dont il exprime la pensée, dont il répète les paroles, il les a entendus, mais il ne peut dire leurs noms.

Voilà pour la fantaisie, et voici pour le combat.

L'homme que j'attaque est M. Waldeck-Rousseau. C'est lui qui a préparé la loi contre les religieux, lui qui l'a soutenue et comme imposée. Il est juste qu'elle porte son nom devant l'histoire et devant le pays. De M. Waldeck-Rousseau je ne connais que les discours; c'est à eux seuls que je m'en prends. Je laisse l'homme, je relève la parole que je crois néfaste; autant qu'il est en moi j'en signale les ignorances et les erreurs. Le champ de bataille n'est pas un salon, mais si le ton de la polémique est vif parfois, il n'est jamais injurieux. La langue française était un merveilleux instrument de vérité; elle permettait de tout dire sans offenser même la courtoisie; je prends mon outil de guerre au moment où il n'était point encore faussé par les exagérations du Parlement et de la Presse. Peut-être ne serais-je pas compris de plusieurs. Orateurs et journalistes ont besogné si rudement contre la langue de nos aïeux !

Une objection très grave sera faite et elle mérite qu'on s'y arrête quelque temps, moins pour défendre la pensée de ce livre que pour en exposer le caractère.

On dira : Pourquoi l'auteur a-t-il parlé si longtemps de lui, pourquoi semble-t-il parler exclusivement des Jésuites ? Des paroles personnelles et domestiques sont toujours ingrates, mais combien plus dans un moment où le péril d'un seul disparaît devant le péril de tous, où toutes les familles religieuses sont attaquées et menacées en même temps que la Compagnie de Jésus.

Je réponds d'abord en ce qui me concerne.

Je n'ai parlé de moi que pour parler de mes frères et, j'ose le dire, de tous les religieux, avec plus d'aisance et de liberté. J'exprime cette pensée au cours de ces lettres et on me permettra de reprendre une comparaison qui me justifiera, je l'espère, d'un odieux sentiment d'égoïsme. Je suis ce soldat qui, le soir venu, écrit à la lumière du bivouac le récit de la journée ; l'obscur historien raconte moins sa vie que celle de son régiment et celle de son pays. On trouvera facilement ailleurs des pages d'une différente allure, qui exposeront par leur cause et dans leur ensemble la marche et le choc des grands événements, on n'en trouvera pas de plus sincères et de plus vécues. Les camarades verront chez d'autres les glorieux récits de ce qu'ils firent, ils verront ici les rapides croquis qui les montrent ce qu'ils furent. Car ces lettres sont bien écrites au jour le jour suivant la date qui leur est assignée ; par ce côté, elles n'appartiennent qu'à un moment ; l'*actualité* qui leur a donné la vie leur donnerait aussi la mort, je les ai reprises néanmoins parce qu'elles sont au service d'une cause qui ne passe pas.

J'en viens au second reproche. Pourquoi dans un si vaste conflit ne parler que des Jésuites ?

J'ai cru, en faisant ainsi, obéir à un sentiment de déférence et de discrétion ; je connais très bien la Compagnie de Jésus, je connais moins les grandes maisons qui ont précédé ou qui ont suivi sa naissance. Chacun peut dire par égard pour la liberté et l'opinion du voisin : je ne rapporte que les choses de *chez nous*. Si toutes les familles se ressemblent, ce que je crois, il ne m'appartient pas de dire ce qui se passe chez elles. La réserve n'enlève rien au respect et bien volontiers je fais miennes les paroles suivantes du R. P. Burnichon :

« J'en demande pardon à ceux qui servent dans un autre régiment que le mien. J'estime avec la plus complète sincérité qu'ils méritent autant que nous les haines dont on nous honore (1). »

Je ne crois pas d'ailleurs m'isoler dans la bataille et n'y servir qu'une cause particulière. Malgré les différences plus apparentes que réelles et que Dieu a tou-

(1) *Etudes.* 5 septembre 1901.

jours voulues dans son Église, toutes les familles religieuses se tiennent et se soutiennent ; en attaquer une
seule, en défendre une seule, c'est toutes les attaquer
ou toutes les défendre. Les mêmes raisons qui vengent les unes vengent également les autres.

J'emprunterai une dernière image à la guerre.

Turenne ne combattait que sur un point du sol lorsqu'il méritait d'être appelé l'épée de la France et son
rempart.

Et le soldat enfermé par le devoir, dans la forteresse
assiégée, a la joie en retenant l'ennemi autour de ses
murailles, de couvrir toute la frontière, de défendre la
sécurité et l'honneur de son pays.

LETTRES D'UN JÉSUITE

A M. WALDECK-ROUSSEAU

LETTRE PREMIÈRE

Où l'auteur très perplexe expose à M. Waldeck-Rousseau les difficultés de sa situation. — N'étant plus
Jésuite que sera-t-il ? — Pas de rentes pour ne rien
faire, pas d'outils pour faire quelque chose. — L'auteur ne *veut* pas être curé, il en réclame le droit
non confisqué ; l'auteur ne *peut* pas être curé, il en
donne les trop excellentes raisons.

L...., 16 août 1901.

Monsieur,

J'étais Jésuite et vous voulez que je ne le
sois plus. Alors que voulez-vous que je sois et
que voulez-vous que je fasse ?

Oh ! je prévois plusieurs réponses, mais je
vous préviens que je ne les recevrai pas.

Vous me dites : Ce n'est pas mon affaire ! et
vous vous récrierez sur la multitude infinie de
vos occupations. Ces occupations infinies vous
ont laissé de janvier en juillet un loisir suffisant pour spolier contre toute justice des
citoyens français de leurs droits les plus sacrés,
pour édicter des lois jacobines, préparer des
réglementations peut-être encore plus tyran-

niques, pour falsifier l'histoire et engager notre malheureux pays sur le chemin qui conduit certainement à la ruine et peut-être à la guerre. Il fallait dire beaucoup plus tôt, non pas à nous, mais à vos amis : — Messieurs, je n'ai pas le temps d'entrer dans vos querelles et de servir vos ressentiments ; je dois à la France un autre emploi de mes heures... Ce langage vous ne l'avez pas tenu ; au contraire, vous avez détourné l'esprit public des graves questions qui le sollicitent aussi bien au delà qu'en deçà de nos frontières ; au lieu de regarder à l'extérieur les ennemis trop réels de notre influence et de notre puissance, vous avez cherché à l'intérieur des ennemis chimériques et vous avez scindé, autant qu'il est en vous, l'âme de la patrie. Maintenant il est trop tard pour nous dire : Tirez-vous d'affaire.

Encore quelques jours, je n'aurai plus de maison, plus de famille. Puisque vous avez fermé ma maison et dissous ma famille, il est bien juste que je vous demande : — Où prétendez-vous que j'aille ?...

Ne me dites pas : Allez au diable ! Non pas, monsieur, s'il vous plaît. Il est entendu que vous et moi, ne pouvons vivre dans la même compagnie. L'esprit moderne que vous êtes, croyez-vous, est en opposition irréductible avec l'esprit ancien que je suis, paraît-il.

Vous me direz : — Vivez de vos rentes... Ceci est mieux, monsieur, à la condition cependant que vous me fassiez des rentes. Moi, je n'en ai pas. Mon très modeste avoir versé entre les mains de l'ordre religieux auquel j'appartiens a été, j'imagine, depuis longtemps, dépensé au service de l'apostolat et de la charité ; je serais étonné qu'il en restât un seul sol vaillant. Et vraiment mes supérieurs n'ont accompli que leur devoir. Ils ne me devaient que le vivre et le couvert chez eux et chez moi. Et ce n'est pas leur faute si notre *chez nous*, malgré les promesses de la liberté et les droits de la justice, leur est ravi. Ils sont aussi pauvres que moi et dans une plus dure extrémité.

Vous me direz : — Travaillez... Ah ! monsieur, combien vous avez raison et que je vous sais bon gré de ce conseil ; mais encore faut-il le moyen de travailler et les instruments ou les outils du travail. Je suis presque un vieillard, j'ai cinquante-cinq ans bien sonnés. Je n'ai pas à me plaindre de la vie ; elle a été clémente pour moi. A part une ou deux infirmités, deux ou trois maladies, les yeux qui n'y voient plus beaucoup, les dents qui sont tombées presque toutes ; lorsque les chaleurs ne sont pas excessives et que le froid n'est pas trop dur, je me porte à peu près bien et, entre quatre heures du matin et neuf heures du soir, j'abats ma petite journée. Malheureusement un peu appesanti par l'âge, ayant pris quelque embonpoint par suite d'habitudes sédentaires, je ne puis m'offrir nulle part comme terrassier ou laboureur. Il me reste deux métiers, plutôt chétifs : *écrire* et *parler*. Vous les rendez bien difficiles.

On n'écrit pas sans quelques livres, et tous les nôtres sont perdus pour nous. — Je ne les ai pas volés ! me direz-vous... Non monsieur, non pas encore, et je vous en suis très reconnaissant. Mais à quoi bon des livres que je ne puis pas visiter, consulter, des livres qui sont en prison, des livres qui sont dispersés, je ne sais où ? J'ai perdu mon outil, l'instrument nécessaire à mon travail. Le bel arbre de science sera peut-être coupé en une vingtaine de tronçons. Il y aura toujours du bois, mais plus d'ombre, plus de fruit.

Vous me direz peut-être encore : Parlez, prêchez, missionnez, évangélisez... Je crois bien, monsieur, que vous ne le direz plus longtemps. Vos amis, vos serviteurs ou vos laquais croiront à des intentions toutes contraires. Il en sera de la parole comme de la plume. Votre manière de comprendre la liberté éteint la parole et brise la plume.

Vous ajouterez : — Un clergé concordataire et sur lequel nous avons des moyens de contrainte, un clergé fonctionnant sous l'œil des évêques et des préfets ; un clergé à qui nous donnons ou refusons son traitement nous suffit. Faites-vous curé, j'ai dit à la Chambre que c'est un grand honneur d'être desservant d'une humble paroisse de nos campagnes...

Je ne discuterai pas, monsieur, sur ces mots : clergé concordataire, clergé suffisant. Je concède aisément que le clergé de votre paroisse, que je respecte et vénère, suffit amplement à vos besoins religieux, à vos aspirations mystiques. Votre attrait ne vous porte pas à ouvrir une conscience qui certainement n'est pas vulgaire à un moine ou à un jésuite, mais la nature humaine est ainsi faite que la même mesure ne contente pas tout le monde. Vos préférences sont pour votre curé et vos préférences ont raison. Vous faites très bien de vous confesser à lui, mais d'autres peuvent avoir d'autres préférences. Les condamnerez-vous ?

J'en viens au conseil ou à l'ordre que vous me donnez : — Faites-vous curé dans votre diocèse d'origine...

Ah ! monsieur, je me dois et me rends cette

justice que je n'ai jamais espéré grandes libertés de votre libéralisme. Toujours je me suis dit : Au train dont vont les choses, un Français de France bientôt n'aura plus le droit de faire « au nom du Père », en public, d'apprendre le catéchisme à son fils, d'appeler son curé, s'il est malade, ou de recevoir le bon Dieu chez lui. On établira des sortes de tribunaux pour nous apprendre ce que nous devons dire, faire, penser et croire, quels journaux on peut lire, quels députés on est tenu d'élire, quelles opinions il convient de soutenir, quels amis on doit chérir... Rien de tout cela ne me paraissait et ne me paraît encore invraisemblable. N'avez-vous pas dit récemment que par la liberté de penser, vous entendiez la liberté de penser comme vous ? Cependant un espoir me restait : malgré la confiscation de tous les droits, un droit demeurera toujours inviolable, intangible sous la République comme sous la Monarchie, le droit de ne pas être curé. Jamais de la vie un ministre ne mettra la main sur l'épaule d'un citoyen en lui disant : — Je vous donne commandement formel d'être curé... Eh bien, monsieur, je me suis trompé. j'ai été trop loin dans ma confiance, pas assez loin dans mes pressentiments. Voilà que vous voulez faire de moi un desservant !

Avec ou sans votre permission, je ne serai pas curé.

D'abord, je ne le puis pas, pour une raison que vous comprenez très mal, mais que tout le monde comprendra très bien. Comme Jésuite, j'appartiens directement à l'autorité du pape ; comme curé, j'appartiendrai directement à l'autorité de l'évêque, et ceci ne veut pas de cela. En me donnant moi-même lorsque je ne m'appartiens plus, je léserai dans ma très modeste personne le droit du Souverain Pontife et celui de l'Église catholique.

Je n'insiste pas sur ce point si vivement éclairé par l'intervention de Léon XIII. Je ne puis que vous engager à relire ce document en admirant la sagesse de l'Église et son religieux respect de toutes les situations, ses ménagements pour délimiter et maintenir tous les droits : les plus humbles ainsi que les plus augustes.

J'en reviens à mon pauvre moi. Non seulement je ne puis être curé, mais aussi je ne veux pas l'être. Je sais bien qu'entre un curé et un jésuite il n'y a qu'une nuance, mais j'ai la faiblesse de tenir à cette nuance, d'autant plus que je suis entré dans la Compagnie pour être Jésuite et pour ne pas être curé. Depuis ma vingtième année, les difficultés n'ont fait que s'accroître et elles confinent aux impossibilités.

Vous savez gouverner, vous, monsieur le ministre. Que de fois ne vous ai-je pas vu en esprit au milieu de vos députés, l'œil terrible, la cravache à la main, comme un dompteur parmi ses fauves ! Parfois les bêtes rugissent et se hérissent : elles ne sauteront pas, elles ne travailleront pas. Et voici qu'elles sautent, qu'elles travaillent, qu'elles demandent une caresse et qu'elles remercient du coup qui les a cinglées.

Non, je n'ai pas cette force d'âme et cette vigueur de poignet ! Au lieu de dompter Catherine ou Aglaé, servantes du presbytère, je me connais, je serai dompté par Catherine ou par Aglaé. Hélas ! à quels misérables repas, à quels funestes ragoûts me vois-je condamné, car je vivrai seul plutôt que de vivre sous le joug d'une servante.

Vous savez compter, monsieur. Comme vous jonglez avec les chiffres ! Quelle prodigieuse facilité pour additionner les éléments d'un milliard... qui n'existe pas. Et moi, les supérieurs qui depuis longtemps connaissent mon incapacité financière ne m'ont jamais confié un maravédis... On dirait que les pièces fausses me cherchent et elles me trouvent. Je les reçois comme bon argent et je ne m'aperçois de mon erreur que si je veux les rendre à la circulation.

Je ne sais si vous chantez bien, je sais, hélas ! que pas une note juste ne sort de mon gosier. Dans quelle étrange situation allez-vous me placer ! Curé, comment faire pour ne pas chanter la grand'messe, et, étant ce que je suis, comment faire pour la chanter ? Vous direz qu'il y a des curés qui chantent mal, je vous répondrai qu'ils ne chantent pas aussi mal que moi. C'est impossible. L'expérience a été faite, — oh ! une seule fois, — mais combien concluante ! Je m'étais promis de ne jamais chanter la grand'messe, ni les vêpres, ni les complies. J'ai manqué à ma promesse. Ne soyez pas sans pitié pour une faute qui n'est pas sans excuse. Je donnais une petite mission dans un petit pays. Les choses allaient bien, la paroisse était contente, aucune difficulté avec M. le curé ; la maladie l'avait éloigné de son presbytère. Tout le mal vint de là.

Le dimanche approchait et avec le dimanche, la grand'messe. Je n'y avais pas songé. (Quand je vous dis que je ne suis pas homme de gouvernement, puisque gouverner, c'est prévoir.) Timidement j'annonçai le projet d'une messe basse. Qu'avais-je fait ? La cuisine bouda, la sacristie murmura. Sacristie et cuisine, clerc et servante me prophétisèrent une révolution. Qu'eussiez-vous dit à ma place ? Vous fussiez-vous cramponné à vos promesses ? Permettez-moi d'en douter. Moi, bonhomme, recommandant au *serpentiste* et à l'harmonium d'étouffer ma voix, aux enfants de chœur de chanter de tous leurs poumons, je m'élançai dans un effrayant inconnu. J'avais compté sur une défaite, c'était un désastre. Le clerc, homme bienveillant, qui m'accordait sa protection, riait de tout son cœur, les servants de messe riaient aux éclats ; le banc du château étouffait de ne pouvoir ou de n'oser rire ; la sœur d'école se cachait la figure pour qu'on ne la vît pas rire, les fidèles égrenaient toutes les notes du rire. Il y avait des basses à sonorités profondes, des altos à sonorités aiguës. Qu'ajouter ? Ma gloire villageoise sombra dans ce concert que je crois encore entendre et qui me poursuit dans mes rêves.

A propos d'office, veuillez donc écouter une prière. Il y a prière et prière, une prière permise dans le monde officiel et une prière défendue. Je ne dirai pas ici une prière défendue, une prière qui s'adresse au Bon Dieu et aux saints. Non. Je sais qu'elles sont vues de mauvais œil. C'est à vous que je m'adresse, monsieur le ministre. Invoquer un ministre est toujours légitime, toujours louable. Je vous conjure donc d'être assez grand, assez généreux, assez libéral pour ne pas m'obliger à chanter la grand'messe.

J'espère, monsieur, que vous ne trouverez pas mes prétentions intolérables, excessives.

Dans cet espoir, je vous prie, — encore une prière ! — d'agréer l'expression de mes sentiments.

R. P. X...

LETTRE IIme

Où l'auteur propose à M. Waldeck-Rousseau de visiter une résidence de Pères Jésuites. — Rencontres
diverses : Un vieil enfant, un infirme, un soldat,
un pacifique, un homme qui veut combattre, un
curé d'Alsace et d'Alsaciens, un jeune, un ancien
missionnaire. — Réflexion. — Du bonheur de mourir
chez soi.

L..., 18 août.

Monsieur,

On a souvent remarqué, à propos des Jésuites,
que ceux qui les connaissent les aiment, que
ceux qui ne les connaissent pas les détestent...
cordialement. Je crois que vous ne nous connaissez pas, moins encore peut-être que les
autres victimes de vos lois. On dit, en effet,
que vous portez gaillardement la ruine de tant
de familles religieuses, la douleur de tant de
braves gens, les larmes et peut-être le sang que
versent les vierges consacrées, les plus saintes
femmes de France, et les plus nobles, dans le
silence de leurs cloîtres et le deuil de leur
autel. Vous avez plutôt la persécution légère.

Les journaux rapportent tantôt que vous sillonnez les routes de France en soulevant la glorieuse poussière d'une automobile ; tantôt qu'une barque de plaisance vous promène entre des rivages heureux dans le grand calme des flots et des champs. L'embarras est pour moi. Je ne m'explique pas votre animosité. De grâce voyez qui nous sommes et accompagnez-moi, s'il vous plaît, dans une maison de Jésuites. Ils ne sont pas ce qu'un vain peuple pense. Permettez-moi de vous y introduire, aucune porte ne nous sera fermée et vous aurez toute facilité de faire connaissance plus intime avec ces messieurs. Cependant dissimulez un peu votre présence et laissez les cœurs s'ouvrir.

Le premier Jésuite que nous rencontrons est un vieillard accort, propret, courtois comme un gentilhomme, heureux comme un roi sur son trône ou un papillon sur sa fleur. Vous préférerez la seconde comparaison, classique aussi bien en république qu'en monarchie. Ne vous étonnez pas s'il vous salue très gracieusement, comme il le fait toujours, en vous disant de sa petite voix grêle et perçante : « Je vous prie le bonjour de tout mon cœur, mon révérend et peut-être mon très révérend Père. » Le bon vieillard n'y voit pas malice ni autre chose. Il n'y voit plus. Il a quatre-vingt-huit ans, son dernier œil s'est éteint à peu près, il y a trois ou quatre ans, dans le même moment que sa dernière oreille se fermait. Les événements politiques et religieux l'intéressent toujours très vivement, mais ce sont ceux de l'année 1845. Il en est resté à M. Thiers qui n'est pas l'un de ses saints et il commence à se détacher du roi Louis-Philippe. Il lui semble que le roi des Français, le fils aîné de l'Église, tarde beaucoup à se convertir.

Laissons ce vieil enfant à ses dernières illusions et à ses douces colères.

Vous permettrez bien à ses supérieurs de lui trouver un lit dans un coin d'hôpital, sans obliger immédiatement les bonnes sœurs à congédier leur personnel d'infirmes pour avoir reçu un religieux expulsé ; son intelligence se réveillera par l'effet d'une secousse salutaire, et il mourra, le saint et doux vieillard, en priant pour vous.

Non, monsieur, non, n'entrez pas dans la chambre voisine. Elle est également occupée par un vieillard. Ne vous en étonnez pas. L'air de ce pays est remarquable par sa pureté et sa douceur, on dirait qu'il entretient la vie et qu'il la prolonge. C'est pourquoi les supérieurs plaçaient volontiers dans cette maison les vétérans de l'apostolat. Celui-ci a évangélisé pendant près de cinquante ans les campagnes d'Alsace et de Lorraine. Il est revenu accablé de fatigues et d'infirmités. De cruelles incisions plusieurs fois nécessaires ont labouré son visage sans triompher d'un mal qui renaît sans cesse. Seul presque toujours, il s'est enfermé dans sa peine et dans la prière. Ainsi repliées sur elles-mêmes, sa vie et sa pensée ont pris une singulière intensité, maladive et douloureuse. La persécution le blesse à l'intime de l'âme et il ne cesse de pleurer. Lui-même accuse ces larmes, cependant résignées, mais qu'il voudrait plus soumises à la volonté divine. Il aime sa cellule silencieuse habituée à ses pas tremblants, ce clair-obscur où ne s'éteint pas le dernier rayon de lumière. Il n'a qu'un voisin et c'est Notre-Seigneur. Toute sa nature frémit à la pensée d'un exil, d'une séparation d'avec le compagnon de sa solitude et le consolateur de son affliction. Ses frères attristés, inquiets pour eux-mêmes, le sont encore plus pour lui. Ils le plaignent et lui portent envie. A coup sûr, celui-là sera la première victime de la persécution, l'un de ces témoins obscurs de la vérité divine dont les hommes n'écrivent le nom sur aucun martyrologe. Qu'importent les hommes. Dieu ceint leur front de la couronne promise au juste persécuté.

Un autre spectacle nous attend dans la cellule voisine, pleine de lumière et pleine de vie, d'une sonorité ordinairement joyeuse et confiante. Qui donc habite ici? Est-ce un Jésuite, est-ce un soldat? L'un et l'autre sous la même soutane. Le Père P. du B... est de race militaire, son père était général, ses neveux sont lieutenants ou sous-lieutenants, on ne compte plus ses cousins et arrière-cousins colonels et capitaines. Lui est entré dans la Compagnie pour combattre. Jeune encore, ardent toujours, jugez s'il est content d'avoir l'oreille fendue et de se voir inscrit d'office au cadre de réserve avant d'être atteint par la limite d'âge. Excepté le temps de la méditation et de la sainte messe, dans une partie de son âme qui est la plus visible et la plus expansive, il ne décolère pas. Sa colère est sainte, il aimait tant les œuvres : toutes, les siennes et celles de ses compagnons, les unes parce qu'il les avait fondées, les autres parce qu'il se préparait à les fonder ou à les soutenir. Et voilà son champ ravagé ; les épis mûrs ou les épis en germe aussi bien perdus. Adieu le syndicat des noirs, les groupes du Sacré-Cœur, les jeunes gens réunis en fraternité, une *Croix* à lancer, une campagne en faveur du repos dominical, une confrérie de Notre-Dame de l'Aiguille... Dernièrement je lui

ai demandé ce qu'il comptait faire. Enseigner !
m'a-t-il répondu. Ne froncez pas le sourcil,
Monsieur Waldeck. Il ajouta immédiatement :
— Je n'ouvrirai pas une école : j'irai chez mon
frère, il a une douzaine de garçons. Je leur
apprendrai la grammaire... J'observai qu'il
ne la savait plus. Il en convint. — Alors, fit-il, je
pars pour le Canada... Il ira dépenser là-bas
un zèle et des forces qui ne trouvent plus leur
emploi en France. L'émigration des énergies
après et avec l'émigration des capitaux ! Cependant, Monsieur Waldeck, je vous préviens
que cette résolution d'un départ précipité est
un peu beaucoup soudaine. Présentem nt il se
demande s'il la suivra, il voudrait auparavant
démolir quelqu'un. Entrez, monsieur, vous
ferez son affaire. Quoi, vous esquissez un mouvement de recul... N'ayez crainte, il se maîtri-
sera...

Vous préférerez le voisin. Je ne dis pas : —
C'est un timide... oh ! non, il suffirait de le voir
dans ses missions parmi les ouvriers ou parmi
les enfants. Quel éclair dans son regard, quel
feu dans ses paroles ! Mais c'est un doux, un
pacifique. Je crois que même vous, monsieur,
il vous enveloppera d'un bon sourire capable
de réchauffer votre pauvre âme dans ses glaces.
Cependant, n'essayez pas de l'interroger sur

ses projets : n'en ayant aucun, il vous répondra ainsi qu'un autre Eliacin... à une autre Athalie. Il est insouciant comme un passereau... ou comme un saint... Mais le lendemain ? Le lendemain est à Dieu, il sait que ses derniers cheveux ne tomberont pas sans sa permission. Cela lui suffit et vous n'en tirerez pas autre chose. La persécution, la maladie ou la mort le trouveront silencieusement occupé aux travaux apostoliques.

Vous pourrez rendre service au suivant. Ce suivant est un belliqueux, un combatif, comme vous dites. Il se mange les sangs — c'est une expression du pays — de rester les bras croisés et de ne pas livrer la bataille. Drumont qu'il a beaucoup fréquenté, un peu trop peut-être, sonne le clairon d'un combat qui ne commence jamais. C'est son désespoir. Veuillez lui dire, monsieur, que toutes vos mesures sont et seront bien prises, que toutes les libertés sont étouffées, que le moindre droit du religieux est méconnu, que vos lois nouvelles se vengeront non seulement sur lui, mais sur ceux qui le recevront, que l'amende et la prison les attendent ; que le recours aux tribunaux est chimérique, que la confiscation immédiate punira le moindre écart et sacrifiera même l'avenir. Il sera bien d'ajouter qu'on ne se gêne pas avec des religieux. A

quoi bon! On sait de reste qu'ils n'opposent
pas la violence à la violence. Ah! s'ils se
défendaient les armes à la main, sans espoir
de vaincre, mais avec la volonté de ne pas
subir la défaite de la justice! Cela ne sera
point, hélas! et toute protestation absolument
vaine commence à être ridicule.

Continuons, je vous prie, cette lugubre pro-
cession à travers ces cellules désolées, au milieu de ces ruines accumulées par votre main
inconsciente et insouciante. Quel homme se-
riez-vous, monsieur, si un tel spectacle n'est
pas capable de vous émouvoir!

Ce religieux que vous chassez comme ses
frères, parce que, dites-vous, il est inutile et
nuisible à la France, porte cependant dans le
cœur, un coin de terre française, le plus sacré,
pensait-il. Il est Alsacien. Mgr l'évêque a demandé qu'il fût le curé de tous les Alsaciens
disséminés entre les paroisses de la ville et de
la banlieue. Oui, il est leur curé, et aussi
leur ami, leur consolateur, leur soutien, leur
aumônier, leur homme d'affaires, leur agent de
placements, quelquefois leur juge de paix, plus
souvent leur avocat auprès des puissants et des
riches, toujours leur bienfaiteur. Il fait le bien
et il le fait bien, avec ce bon sourire qui est le
soleil de l'âme: jamais la moindre fatigue, le

moindre ennui de rencontrer tant de besogneux, de placer tant de nomades, d'écouter tant de douleurs, de marcher dans la rue vers les misères qui ne descendent plus chez lui, entre une pauvre vieille qui lui raconte ses infortunes et un bon petit, pieds nus et chemise au vent, qu'il interroge sur le catéchisme. Pour toutes ces petites gens il est la douceur du pays natal, grâce à lui ils ne sont pas en exil, mais qu'il parte, ils porteront pour la seconde fois le deuil de la patrie.

Nous voici en face de la chambre du Père Ambroise. — Père Ambroise, connais pas. — Impossible, monsieur, tout le monde connaît le Père Ambroise : — Ah ! il n'est pas chez lui. C'est un humble et un simple, d'une simplicité que relève une pointe de bonhomie et de finesse, il passe toute sa vie avec les humbles et les simples. Les toutes petites bourgades sont le champ aimé de ses travaux ; ses préférences sont pour les curés bergers d'un troupeau de 2 à 500 âmes. Il salue de plus loin Nosseigneurs les doyens et les archiprêtres. Mais qu'il est heureux dans la paix et la modestie des églises villageoises. Là il prêche, il cause, il prie, il apprend à prier, il chante, il apprend à chanter. Il ouvre ses caisses : une grande caisse où sont rangés des transparents, des verres de couleurs,

des chaînes d'illumination ; une petite caisse
avec de ravissantes images ; une troisième
caisse, pas trop grande, pas trop petite, qu'il
s'occupe toujours à remplir, toujours à vider ;
il en sort des choses admirables sous les yeux
écarquillés de tous les petits garçons et de
toutes les petites filles du pays. On ne se quitte
plus. Avec lui la mission ne chôme pas un
instant. Il y a toujours une cérémonie à préparer, un sermon à donner, une confrérie à
organiser, un autel à décorer, une statue à
dorer, une croix à planter. Tout le monde travaille, tout le monde est content. Le bon Père
Ambroise est bon comme le bon pain que quelques grains de sel rendent encore plus savoureux.

Pendant quarante ans bientôt il a mis le bon
Dieu dans les âmes, un peu d'idéal dans les
cœurs, il a semé du bonheur et de la paix dans les
hameaux. Il fait encore avec la même ardeur ce
qu'il a voulu faire uniquement. Pourquoi donc
arrêter son travail et quelle inquiétude peut
naître de ses paroles ? Ou bien pensez-vous
que les rudes travailleurs des champs relèvent
trop souvent la tête vers le Ciel ?

Respirons un instant. A côté de cette cellule,
dans la cellule voisine, vous ne détruirez rien.
Le Père qui vous reçoit n'a pas fondé ou dirigé

une seule œuvre, prêché un seul sermon, visité
un seul malheureux, confessé un seul pénitent.
Est-ce donc un paresseux, un incapable, un
malade, voire même un débarqué de la vie?
Non point, monsieur. C'est un novice de l'apostolat. Ce noviciat dure des années chez
nous. Il débutait, ou plutôt il allait débuter, la
tête pleine de projets, le cœur plein de désirs,
riche de ses années de prières et d'études,
n'aspirant qu'à dépenser ces richesses acquises
pour être prodiguées. En lui, monsieur, vous
ne tuerez que l'espérance et l'avenir.

Le suivant n'appartient pas à notre maison.
C'est un hôte de passage, deux fois revenu des
missions de la Chine. Il s'y est rendu d'abord
pour le profit et la conversion des infidèles :
vaincu par le climat, il est rentré en France
pour échapper à une mort trop certaine là-bas.
L'année dernière, il a repris le chemin de ses
chrétientés mises à feu et à sang. Les fidèles
ne doutaient pas de son retour à l'heure du péril ; ils lui dirent sans que l'impassibilité orien-
tale se démentît sur leur visage : Mon Père,
nous vous attendions. Grâce à ses soins
et à ceux de ses frères, nos soldats ont été
reçus comme des amis par nos chrétiens que
terrorisaient et massacraient les Boxeurs. Nous
ne lui avons offert que quelques jours d'une

hospitalité provisoire, vous savez pourquoi.

Le mal que vous faites ici, que vous touchez ici du doigt, vous le faites ailleurs dix fois, cent fois, mille fois, et vos amis trouvent que vous vous arrêtez en chemin. Les bons cœurs ! Ils voudraient détruire tout sanctuaire où fume l'encens de la prière et le sang de la pénitence, renverser tout autel où Dieu est adoré pour lui seul ! Il leur paraît criminel, l'emploi des heures données à la Bonté, à la Majesté infinie, sans réserve et sans profit immédiat pour le public. Et c'est là votre religion !

Vous avez visité une de nos maisons, vous les avez toutes visitées ; les nôtres et celles des religieux quel que soit leur costume et leur nom. Elles se ressemblent à ce point qu'un de nos bons frères coadjuteurs, peut-être un peu naïf, égaré, par suite d'une erreur de route, chez les Pères Liguoriens, s'est cru, pendant plusieurs mois, logé chez les Jésuites. N'est-ce point, ou peu s'en faut, le même partage du temps, la même suite des occupations, les mêmes maximes dans les esprits et dans les cœurs. Et si j'ai paru faire quelques distinctions entre les uns et les autres, c'est que votre inimitié prend soin de nous diviser. Je vais à ceux que je connais le mieux et que vous attaquez le plus.

Nous avons fini. Les autres Pères sont absents ou bien ils se catégorisent dans les types déjà connus. En somme, monsieur, eux et moi, nous sommes des faibles, des inoffensifs, outillés pour faire le bien, mais non pour ourdir des complots et renverser des pouvoirs. Humainement nous serons toujours vaincus. Vous ne l'aviez pas ignoré et votre audace s'explique très bien.

Chemin faisant, nous arrivons en face d'une dernière cellule. Elle est fermée par la mort. Voici un mois environ que le religieux qui s'y trouvait a exhalé son dernier soupir. La vie était pleine pour lui de travaux aimés, chers à son zèle, fructueux pour le prochain. Pardonnez-moi ce dernier mot un peu clérical. Malgré l'usure de ses forces, il pouvait encore se promettre une longue carrière; cependant le trépas a été le bienvenu, il lui a souri avec une douceur dont il s'étonnait lui-même. A vrai dire, monsieur, vous avez été pour beaucoup dans la joie de son départ; son âme généreuse frémissait d'horreur à la pensée de vos résolutions et de vos destructions. Compagnon de ses derniers travaux, j'ai connu l'angoisse de ses pressentiments et, au fond du cœur, je l'ai félicité de mourir. « Puisse Dieu, disait-il, agréer le sacrifice de ma vie et conserver à mes frères l'existence religieuse ! » Ce furent ses dernières paroles ; elles ont été ratifiées par la foule de nos amis qui formèrent son cortège funèbre. Tous les honnêtes gens étaient là, ceux qui connaissaient le défunt et ceux qui ne le connaissaient pas. On sentait qu'avec le deuil d'un religieux ils menaient celui de la religion...

Je ne vous invite pas à entrer dans la chapelle. Je ne suis pas le Tzar et vous êtes bien trop grand personnage pour visiter le bon Dieu, en ma seule compagnie. Et puis vous les détestez si fort ces pauvres chapelles de religieux. Quel mal vous font-elles ? Mais non, votre haine ne se trompe pas et si nous faisons quelque bien, c'est surtout ici, dans le silence et le recueillement du sacré tribunal.

Aucun service n'est plus onéreux pour la maison, aucun n'est plus obscur, mais aucun n'est plus utile.

Service onéreux. Tel vieux domestique que vous rencontrez a usé ses jambes et sa vie à monter et à descendre les escaliers, à parcourir les jardins et les corridors à la recherche d'un confesseur. Saint Alphonse Rodriguez — ne confondez pas avec saint Alphonse de Liguori — est sur les autels, rien que pour avoir tenu cet emploi de portier ou de coureur, mais par exemple pour l'avoir tenu parfaitement dans une de nos maisons. Le timbre ne cesse de retentir appelant tantôt l'un, tantôt l'autre, tantôt l'un et l'autre, frappant sans cesse et se fâchant, si on ne descend pas tout de suite, laissant livres et cahiers pour se mettre pendant des heures peut-être à la disposition des passants, des inconnus.

Service obscur. Ce sont des anonymes qui se présentent le plus souvent, parfois des étrangers venus de très loin. Ils ont à déposer un fardeau accablant, à raconter l'une de ces tristesses qui ne se disent bien que lorsqu'on se sait soi-même inconnu, à un homme que l'on n'a jamais vu et que l'on ne reverra pas. Ils demandent ces lumières discrètes que saint François de Sales compare au soleil parce qu'elles donnent la clarté sans rien voir elles-mêmes. Ou encore ce sont des hésitants, des chercheurs de la perfection qui se sentent appelés ; ils pensent qu'une voix étrangère et plus libre leur dira mieux le mot qu'ils ont besoin d'entendre.

Voilà nos chapelles, humbles sources qui déversent dans un léger et continuel *susurrement* la paix, le pardon, la joie, le courage, la piété. Le flot limpide n'est pas impétueux ; votre main suffit à le tarir. Faites, monsieur.

Plusieurs de ces petits que vous affligez ne savent pas même votre nom, et votre œuvre leur cause une surprise égale à leur douleur. Combien vous accusent leurs larmes, je ne voudrais pas les avoir contre moi au seul tribunal où il importe de ne pas perdre sa cause.

Je vous quitte, monsieur, mais c'est pour vous retrouver bientôt.

R. P. X...

LETTRE IIIme

Où l'auteur se demande si M. Waldeck-Rousseau ne s'est pas quelque peu rassuré sur les conséquences de sa mauvaise action en se disant que les Jésuites se tireront toujours d'affaire. — Étrange fortune de ce mot et comment il est employé par les amis qui nous aiment et par les amis qui ne nous aiment pas. — De sa vérité dans la pratique.

L.., 20 août.

Monsieur,

Vous avez regardé ce qui se passe chez nous; à mon tour, et sans être, ce me semble, trop curieux, je voudrais savoir ce qui se passe chez vous et dans votre cœur lorsque vous poursuivez, réclamez, décrétez, organisez la dispersion des Jésuites et des familles religieuses. Des explications vulgaires n'expliqueraient rien ici. Parmi nos persécuteurs et nos ennemis nous avons compté assez de fous, quelques passionnés, pas mal de sectaires et d'impies, une multitude d'imbéciles. Vous n'êtes pas de ces derniers. On vous dit habile. Je ne le crois pas. Sans estimer cette qualité outre mesure, je la place légèrement au-dessus de vos moyens ordinaires. On n'est pas habile, monsieur, quand on perd son pays, quand on fait une œuvre mauvaise avec le concours de tous les scélérats ; quand on frappe des hommes qui ne peuvent pas, qui ne veulent pas, qui peut-être même ne doivent pas se défendre. Dans tous les pays du monde, ces choses-là portent d'autres noms. Je vous trouve froid : l'œuvre criminelle que vous faites, vous la faites sans haine, sans amour, par calcul, pour arriver à une fin qui sera calamiteuse et que déjà vous jugez telle. Au fond, n'êtes-vous pas de mon avis ? N'y a-t-il pas des réveils de la conscience qui vous avertissent que vous êtes engagé sur une route fatale où l'on marche en triste compagnie, où l'on va vers les abîmes ? J'imagine que vous cherchez une réponse quelconque à ces secrètes interrogations et comme vous n'avez pas un grand choix, vous prenez celle qui se présente d'elle-même et à tout le monde.

Baste ! les Jésuites s'en tireront toujours. C'est sur ce propos que je voudrais philosopher un instant avec vous. Par Jésuites on entend communément les Capucins, les Barnabites, les Eudistes, les Picpuciens, les Oratoriens, les Franciscains, les Chartreux, les Trappistes, les Frères des écoles chrétiennes, quelquefois même les ministres. Un jour qu'elle ne voulait pas vous flatter, l'*Aurore*, s'étant levée de méchante humeur, vous appela *Jésuite*. Vous reçûtes sans broncher ce compliment jeté du bout de ses doigts de rose, en vous disant peut-être que tout homme est le jésuite d'un autre homme. Mais enfin par jésuite on comprend encore les *Jésuites-Jésuites*. Permettez que je m'en tienne à ceux-ci.

On dit donc que nous nous en tirerons encore aujourd'hui comme hier, comme toujours ; que peut-être vous êtes fort malin, mais que nous sommes plus malins que vous.

En eux-mêmes ces propos n'ont rien de tout à fait désobligeant et je veux bien d'abord les prendre en bonne part.

Il constate un fait glorieux pour l'Institut de saint Ignace ; ce navire que le constructeur n'a lancé sur la haute mer qu'après l'avoir armé en vue d'une éternelle tempête, il y vit comme dans son élément.

Il est facile à un religieux d'estimer, d'aimer tous les religieux et son âme serait bien étroite et mesquine si elle n'admirait point joyeusement les grandes familles cénobitiques et monacales ; la gloire d'aucun Ordre n'est une gloire jalouse. Cela dit, je remarque que le fondateur de la Compagnie n'a point fait une œuvre semblable à celle de ses prédécesseurs.

Lui n'enferme pas la vie religieuse entre de hautes murailles ; il ne la défend pas par l'escarpement des pics ou la solitude des vallées sauvages ; il ne la vêt pas par un froc d'une éclatante blancheur, ou par une bure austère, il ne l'attache pas au service d'un autel dans la douceur et la beauté de la prière liturgique. C'est que d'abord Ignace n'a point voulu des pénitents ou des contemplatifs, mais il a voulu des soldats, armés à la légère : troupe mobile et volante qui vit sous la tente plus volontiers que dans là forteresse. Aussi la persécution lui est moins meurtrière. Sans la clôture et le cloître, sans le chapitre et le chœur, sans la robe et le capuchon, un Cistercien ou un Carme sera difficilement Cistercien ou Carme. Un Jésuite sera toujours Jésuite. On n'est jamais certain de ne pas avoir un Jésuite à côté de soi. Nous serons toujours d'accord avec nos amis pour saluer la pensée de notre fondateur, pour reconnaître en lui l'intuition des temps nouveaux et l'intelligence prophétique de la guerre moderne qui demande à ses instruments tant de souplesse et d'élasticité.

D'autres amis par les mêmes paroles exprimeront leur confiance en la bonté de Dieu ; ils attendent d'elle un miracle qui nous sauvera ;

peut-être l'attendent-ils quelquefois les bras croisés, sans offrir à la puissance infinie cet élément humain sans lequel les prodiges ne sont pas opérés. Lazare ne sortira de son tombeau que si la pierre qui en ferme l'entrée est écartée par la main des hommes. Mais entre amis on se passe quelques travers, quelques dissentiments légers et nous ne sommes pas aujourd'hui d'humeur à discuter sur des vétilles.

A côté des amis qui nous aiment de tout leur cœur, il y a des amis qui nous aiment sans passion aucune, faiblement ou pas du tout.

Connaissez-vous l'ami optimiste à outrance, l'ami toujours souriant et confiant, l'ami qui serait capable de crisper même le saint homme Job s'il était encore sur son fumier...

— Monsieur, les Jésuites sont persécutés.

— Non, monsieur, les Jésuites ne sont pas persécutés, ils sont plus forts que la persécution.

— Mais, monsieur, ils ont cédé leurs collèges et fermé leurs résidences.

— Vous voulez dire qu'ils ont fait semblant de céder leurs collèges et de fermer leurs résidences.

— Pas le moins du monde. Rien n'est plus réel que la cession de leurs collèges et la fermeture de leurs résidences, plusieurs sont partis à l'étranger.

— Je les en félicite. Je ne sais rien de plus agréable qu'un voyage et un séjour à l'étranger.

— Mais si on ne revient pas de ce voyage, si le séjour s'éternise...

— Pas possible, monsieur, les Jésuites s'en tirent toujours.

— On confisquera leurs biens.

— Je vous dis qu'ils s'en tireront.

. . . .

Le dialogue peut continuer. Vous n'obtiendrez jamais une autre réponse. Après l'ami au cœur content, l'ami au cœur léger.

Il ne se passe guère de jour où l'un de nous ne reçoive d'un ancien condisciple, d'un parent, d'un ami un billet libellé à peu près en ces termes. Les mots varient, le fond est le même :

« Il paraît que ça ne va pas, mais pas du tout. Ma femme qui lit la *Croix* avec componction me dit que ce satané Waldeck s'occupe d'aggraver sa loi infâme. Nous nous consolons en pensant que les Jésuites s'en tireront toujours et que vous jouerez plus d'un bon tour au gouvernement. Il fait diantrement chaud. J'achève de boucler nos valises et dans quelques instants je pars pour la Normandie et le bord de la mer, je ne sais pas encore où. Si tu passes par là, viens me serrer la main.

« A toi de cœur. »

Il y a des lettres moins cavalières, elles s'arrêtent cependant aux mêmes pensées.

Les orateurs se rencontrent avec les épistoliers. J'étais assis dernièrement à une table entourée de nombreux convives.

Sur la fin du repas, notre hôte porta la santé des Ordres religieux. Il le fit en termes excellents; de bon cœur on choqua les verres remplis de bon vin. Néanmoins les paroles prononcées étaient sombres. L'un d'entre nous jugea opportun de ranimer la gaieté des convives en levant son verre à l'honneur de la compagnie de Jésus, habile à sortir de tout mauvais pas. On applaudit vivement et on rit beaucoup. Je pense, monsieur, que vous trouverez aussi ce trait fort plaisant et que vous vous associerez à l'hilarité presque générale. Vos discours sont de-çi, de-là, saupoudrés d'un sel acheté à la même épicerie. Pour ma part je goûtai peu l'esprit de ce dernier orateur et je ne vois pas du tout que nous soyons si habiles.

De grâce, qu'appelez-vous se tirer d'affaire ?

Est-ce tourner au gré du vent, trahir ses amis, ses opinions, sa conscience ; élever sa fortune sur la ruine des honnêtes gens ? Non,

monsieur, non, nous ne faisons pas ces choses.
Peut-être en connaissez-vous d'autres à qui on
les pourrait reprocher ou qui feraient bien de
se les reprocher à eux-mêmes. Ceux-là ne sont
pas chez nous.

Je crois que par l'habileté des Jésuites, vous
entendez une certaine adresse à éviter les mauvais coups et leurs conséquences, une certaine
habitude de retomber sur ses pattes (pardonnez-
moi ce style familier), un certain don de se
faire estimer, aimer, héberger. Le Jésuite, à
peine sorti par la porte de sa demeure, s'il n'y
rentre point par la fenêtre, n'a qu'à choisir
entre les hôtels et les châteaux, il goûte les
douceurs de la vie du millionnaire et la persécution n'est pour lui qu'une villégiature en-
chanteresse !

Avouez, monsieur, que ce sont de singulières
et plaisantes raisons.

Si elles suffisent à chasser les honnêtes gens
de leur domicile, d'une part plus personne ne
se trouvera en sécurité chez lui, d'autre part
la profession de la coquinerie recevra des
encouragements qui ne semblent pas nécessaires. En outre que valent ces spécieux motifs ?

Tout d'abord, monsieur, la question n'est
pas de savoir si je suis mieux dans un château
que dans une chaumière. La chaumière ou le

couvent est à moi, le château est au châtelain. Si bon que soit le pain qu'il me donnera, d'abord il me le donnera, je préférerais ne pas le recevoir mais le gagner, ensuite ce sera toujours le pain de l'étranger. Ce sont des scrupules que vous ne partagez pas, il est tant d'étrangers qui mangent le pain de France sans témoigner la moindre humeur. Dans le château, — puisque château il y a, — je serai gênant, je serai gêné, ce sont deux légers inconvénients. Je serai gênant parce que je troublerai l'intimité de mes hôtes, ou, ce qui revient au même, je craindrai de la troubler malgré leurs assurances affectueuses.

Je serai gêné, parce que je serai loin des miens, de ma famille d'élection, des habitudes de mon esprit et de mon cœur, de mes travaux, de la régularité de ma vie et de la suite de mes devoirs ordinaires. J'ai encore très présents les souvenirs de la dispersion en 1880. Combien de nos Pères, incapables de respirer cet air de salon, blessés sans se connaître de lésion, malades mais incapables de désigner leur maladie au médecin, sont morts du mal du pays ou du mal du couvent! Ils ne se plaignaient pas, au contraire; ils remerciaient leurs amis désolés et impuissants et ils partaient, pleins de douleur... et de reconnaissance. Aussi cette expérience ne sera pas recommencée. Lorsque des offres bienveillantes nous sont faites, nos supérieurs ne les reçoivent plus. Les plus dévoués de nos amis sont les premiers à comprendre ces sentiments qui les affligent et qu'ils admirent.

Pour le reste, monsieur, quand il serait vrai que nous cherchons à éviter les mauvais coups, il n'y aurait là qu'une habitude fort ancienne dans le monde et très universelle. Mais ainsi que les pauvres et les faibles, nous ne les évitons pas. Ai-je vraiment besoin de vous prouver qu'un Jésuite peut être blessé, ruiné, calomnié, insulté, tué tout comme un autre homme et que même pour des raisons que l'Evangile a consignées il se trouve plus que beaucoup exposé à ces sortes d'accidents? Ils produisent chez nous les mêmes effets que dans tout le genre humain. Je vous assure que le Père Olivaint, fusillé par les fédérés de la Commune, n'est pas encore ressuscité, ses compagnons non plus. Pour m'en tenir à mes relations personnelles, j'ajouterai un renseignement qui vous étonnera. L'année dernière, dans les plaines du Tché-ly sud-est, en Chine, quatre de mes frères : les Pères Isoré, Denn, Mangin, Andlauer, surpris par les Boxeurs au milieu de leurs chrétiens, ont été massacrés, oui, monsieur, massacrés malgré leur qualité de Jésuites. Ils s'en sont tirés par le martyre.

Les Boxeurs de France que vous commandez sont certains d'obtenir les mêmes succès quand ils les désireront et il faut toute la naïveté de quelques catholiques pour penser que les persécutions ne sont pas suivies de destructions. La clientèle de nos collèges, de nos résidences, de nos œuvres ne se reformera pas dans l'exil et la dispersion. Nous n'entreprendrons pas de faire hors de France l'éducation de la jeunesse française. Si, à la rigueur, il est possible d'ouvrir quelques rares collèges sur la ligne extérieure de nos frontières, comment y avoir un confessionnal, fonder un syndicat, inviter nos ouvriers et nos laboureurs à suivre les exercices d'une mission ou d'une retraite ? C'est bien à l'inutilité que vous nous condamnez, sans ignorer que le travail nous est aussi nécessaire que le pain. Homme modéré et de bonne compagnie, à ce que vous croyez, vous faites une œuvre plus cruelle pour nous que celles des bourreaux. Vous répandez moins de sang, mais vous faites couler plus de larmes, vous les faites couler plus longtemps et vos mesures sont prises pour éteindre même la pitié. On ne voit pas le supplice ou l'on se répète, en souriant, que les victimes y échappent.

Pour le coup, vous avez été habile, il est vrai au détriment du pays. En même temps que nous, vous avez frappé la liberté et la justice.

Agréez donc, monsieur, toutes les félicitations que mérite un si beau geste.

R. P. X...

LETTRE IVme

Où l'auteur s'excuse aussi courtoisement qu'il le peut
du retard apporté à sa correspondance ; il a été obligé
d'inspecter sa conscience de Jésuite ; utilité générale
de ces examens. — Lui ne trouvait rien qu'une éclatante blancheur. — Une bonne vieille dame est venue
à son secours ; elle a été suivie d'un gros personnage qui voit les Jésuites partout et d'un monsieur
très distingué qui ne les voit nulle part. — Edifiante
comparaison.

L..., 28 août.

Monsieur,

Vous avez sans doute quelque peine à vous
expliquer le retard de cette dernière lettre et
vous n'êtes pas sans inquiétude sur l'état lan-
guissant de notre correspondance. Que s'est-il
donc passé, demandez-vous, est-ce que mon
interlocuteur ne trouverait plus le même plaisir à ma conversation ? C'est bien impossible.
Oui, monsieur, c'est bien impossible ; ce n'est
pas en vous, c'est en moi qu'il faut chercher
la cause de cette lenteur. Depuis quelques
jours, j'ai cessé de m'appartenir ou plutôt je
ne m'appartiens que trop. Désolé d'entendre
contre les Jésuites des reproches si violents,
répétés avec une telle insistance, reproches

qui n'étaient pas jeunes il y a quelque deux
cents ans et qui refusent encore de mourir, je
suis descendu dans ma conscience. Connaissez-
vous, monsieur, ces sortes de voyage et d'examen ? Avez-vous jamais inspecté la conscience
d'un ministre, la conscience de M. le président
du Conseil, ou la conscience du Parlement ? Ne
vous récriez pas. De la conscience à un Parlement ! Est-ce que les Parlements ont une conscience ? Oui certainement, les Parlements ont
une conscience ; il peuvent l'altérer, la fausser.
Il est bon pour tout le monde qu'un tel malheur
soit prévenu.

J'aimerais certainement beaucoup à vous voir
ouvrir ou fermer une législature dans le sens
que j'indique. Debout à côté, ou, si votre humi-
lité le préfère, à genoux en face du fauteuil de
la présidence, vous diriez à peu près en ces
termes d'une voix lente et dolente : « Mettons-
nous en la présence du Très-Haut, examinons-
nous sur les péchés que nous avons commis en
paroles, en actions, en intentions, dans nos
votes, dans nos lois, dans nos discours, dans
nos promesses... sur le tort que nous aurions
fait au pays, à la justice, sur les choses que
nous aurions vendues et qui ne sont point
objets de commerce... sur les calomnies que
nous aurions émises et que nous sommes

obligés de rétracter devant les personnes qui les auraient entendues au Parlement, à Paris, en France et dans les environs... » Quels beaux actes de repentir suivraient ces nobles paroles, que de *mea culpa* frappés mais non plus sur notre poitrine, comme vous le faites trop souvent avec un repentir si emporté des fautes que nous n'avons pas commises !

Je veux bien vous précéder dans cette voie salutaire ; je descendrai le premier dans ma conscience, vous me suivrez la torche à la main et prendrez soin d'éclairer jusqu'aux derniers replis.

Cependant avant d'entreprendre ce voyage à l'intérieur, entendons-nous bien sur l'itinéraire. On ne peut tout visiter. Des curiosités trop nombreuses fatiguent l'attention, elles émousseraient la fine pointe de l'intelligence. Donc nous laisserons de côté la conscience du chrétien, celle du citoyen, pour ne voir que celle du Jésuite, la seule, je crois, qui vous inquiète et qui vous intéresse. C'est d'elle que vient tout mon tourment. J'ai eu beau la parcourir dans tous les sens, en sonder jusqu'aux dernières profondeurs, prêter l'oreille à ses plus intimes rumeurs, lui députer des *reporters* habiles à répéter ce que l'on dit et même ce que l'on ne dit pas ; je n'ai rien entendu, je n'ai rien vu, je ne soupçonne rien. C'est déplorable.

Mon innocence enfin commence à me peser.

J'ai connu ce sentiment néronien... et humain. Les yeux fatigués d'un tel éclat de blancheur, je me suis promené dans les « environnements » de ma conscience et j'ai jeté de terribles regards sur toute sa banlieue. J'ai frappé à toutes les murailles entre lesquelles j'ai enfermé ma vie, elles ne m'ont renvoyé aucun écho séditieux ; j'ai interrogé les rares amis qui fréquentent ma solitude : nous n'avons jamais conversé que des lettres humaines ou des lettres divines, la politique m'ayant toujours ennuyé autant qu'un discours de M. Lecomte ou de M. Combes. Je ne sais pas pourquoi je choisis ces messieurs, peut-être sont-ce les derniers que je n'ai pas lus. Passons.

Dieu laissa-t-il jamais ses enfants au besoin ?

Jamais, monsieur. En cette extrémité le Père P. du B. vint à mon secours ; je vous ai déjà parlé de cet excellent ami. C'est celui qui habite cette cellule claironnante et un peu cocardière où flotte un drapeau du Sacré-Cœur. J'avais omis à dessein ce dernier détail afin de ne pas effrayer votre religion. Mon ami, fort répandu dans tous les mondes, reçoit beaucoup de visites. Il compte parmi ses relations une dame très âgée et fort défaite — je donne un peu son portrait… afin qu'elle ne se reconnaisse pas — qui lui rapporte les divers propos qu'elle a recueillis en traversant les salons de la ville ou en s'y établissant à demeure. C'est par cette occupation qui lui prend toute sa vie (elle se ferait conscience d'y dérober un instant), qu'elle rend utiles ses dernières années et se prépare à mourir sans rendre l'esprit. Aujourd'hui, elle était fort effrayée. La loi sur ou contre les associations étant dans toutes les bouches, sa gerbe de cancans et de potins n'avait jamais été plus opulente, mais eussiez-vous jamais attendu d'une dévote des sentiments favorables ? Elle était de votre parti, monsieur, contre nous, contre les Jésuites ! ! Vous aviez les meilleures raisons d'agir, disait-elle, tous les torts sont de notre côté, car enfin, ajoutait-elle en s'animant, vous n'ignorez pas, messieurs, que vous constituez un État dans l'État.

Aucun être n'est inutile dans la création. Avec un peu d'observation, on découvre les services que rend le puceron ou l'araignée. Cette bonne dame confirme la règle générale, et ce n'est point par une exception. Complètement inutile et hors d'usage, elle trouve son emploi comme phonographe. Elle *enregistre* fidèlement les bruits perçus par son oreille et les répète avec la même exactitude et la même intelligence que le merveilleux instrument. Le Père lui répondit avec beaucoup de patience et de bonté : — Ma pauvre enfant, vous êtes donc devenue complètement sotte ?... La dame ne se montra pas trop offusquée du compliment ; en premier lieu, elle est très humble, puis, dans ce bout de phrase, elle humait une double louange. « Ma pauvre enfant », d'abord. Pauvre enfant, ma pauvre enfant, ne se dit qu'à une personne d'une jeunesse relative ; première louange ! Et puis, seconde louange : si elle était devenue complètement sotte aujourd'hui, elle ne l'était donc pas encore hier, et cela ne manquait pas de la rassurer sur le lendemain. Aussi ce fut avec un pâle sourire qu'elle écoutait le Père lui dire : — Un État dans l'État ! Y pensez-vous ? (Entre nous, question tout à fait inutile la bonne dame n'a jamais pensé et l'instrument intellectuel, s'il fut (?), n'est plus depuis quelque cinquante ans). Mais, si nous étions un État, nous aurions une armée, des juges, un tribunal, nos finances, nos forteresses. Mais, si nous étions un État, le gouvernement ne percevrait aucun impôt chez nous et sur nous ; ses fonctionnaires ou ses policiers n'entreraient pas dans nos maisons. État, nous traiterions avec un autre État de puissance à puissance. Rien de cela n'existe. Le gouvernement nous surveille, nous visite, nous juge, nous condamne, nous soumet à tous ses règlements de police, à tous ses droits fiscaux. Demain, si la fantaisie lui en prend, il fermera nos maisons et il sait à l'avance que rien ne sera plus facile. Lui, qui, à la différence d'Abner, ne craint pas Dieu, mais qui craint tout et beaucoup d'autres choses : une interpellation, un drapeau, un journal, une note d'un gouvernement étranger..., ne redoute rien du tout des Jésuites. N'est-ce pas la preuve qu'ils ne forment pas un État dans l'État ?...

La dame n'était point convaincue. Elle objecta nos grandes richesses. — Où sont-elles, madame, ces grandes richesses ?... Elle fit des gestes vagues ; elle indiqua les quatre coins du monde et s'arrêta dans ces généralités.

Ce n'était point tout. En répétant toujours ses « on dit », elle nous accusa de conspirer sourdement et perfidement contre le gouvernement de la République. — Oh ! madame, répondit le Père P. de B... ; si sourdement qu'on n'a jamais rien entendu, si perfidement qu'on n'a jamais rien vu... A quoi bon ces réponses ; autant en emporte le vent. Le phonographe allait toujours, également incapable de comprendre ou de se taire.

. . . .

Depuis cet entretien, j'ai cherché d'autres lumières. Elles n'ont pas manqué, mais elles sont confuses, elles se croisent, et l'une éteint l'autre.

J'ai d'abord rencontré un homme *excessivement* important, *excessivement* intelligent ; c'est ce que disent ses amis, très au courant de toutes les questions, se faisant une spécialité de la question religieuse et remarquablement ferré sur l'article Jésuite. Ses idées, fruits de longues études, sont *extrêmement* lucides, impeccables, libérales et impartiales. Ce sont toujours ses amis qui lui donnent des témoignages aussi flatteurs. Le grand et gros homme m'a reçu grâce à une bienveillante intervention, et sans y être beaucoup aidé par moi, il s'est déboutonné. — Que voulez-vous, monsieur l'abbé, le gouvernement de la République ne peut pas vivre avec vous. — Pourquoi, monsieur, puisque nous consentons bien à vivre avec lui ? — Pas le moins du monde, vous n'y consentez pas. On trouve votre main dans tous les complots. — Il y a des complots ? — Parfaitement, monsieur ! et nous avons un ministère de défense républicaine pour les déjouer. — Ce ministère a-t-il trouvé des preuves contre les Jésuites. — Oui, monsieur. — Où sont-elles ? Pourquoi ne pas les publier ? — Elles sont aussi claires que le soleil. Vos agissements sont signalés sur tous les points du territoire ; votre clientèle, celle de vos collèges et de vos petites chapelles, est hostile à l'esprit moderne ; vos principes font la guerre à nos principes. Vous êtes partout où sont nos ennemis...

L'entretien prenait un tour orageux. Je rompis les chiens et m'éloignai en réfléchissant sur la difficulté de faire sortir un mot ou une idée des grosses outres pleines de vent. Chemin faisant, je rencontrai un ami du meilleur monde, très bien placé pour juger des hommes et des choses. Il ne revenait pas de son étonnement en écoutant le récit de ma dernière visite. — Comment, disait-il, les Jésuites sont partout, mais je ne les vois nulle part. Vous ne faites aucune figure dans les lettres françaises, aucune dans la prédication contemporaine, aucune dans les œuvres sociales ou syndicales. Vos collèges languissent et meurent, incapables de se mouvoir dans leurs anciennes méthodes ou d'en créer de nouvelles. Dans un temps où les hommes de génie abondent, vous avez à peine quelques hommes tout à fait supérieurs. Vous trouverez chez les

Assomptionnistes une activité un peu récla-
mière mais puissante, chez les Dominicains,
une éloquence à la moderne, mais chaude,
colorée, vivante. Que trouverons-nous chez les
Jésuites ? Plus rien. Depuis longtemps, la puissante Compagnie s'est retirée des champs de
bataille ; elle agonise, et si le gouvernement
veut de mon conseil, il n'a qu'à la laisser rendre en paix le dernier soupir. On ne tue pas le
lion mourant...

Je n'étais pas trop content, monsieur, d'être
si bien défendu, d'avoir trouvé sans le chercher
beaucoup un si habile avocat qui me fournis-
sait tout de suite tant de raisons excellentes et
déplaisantes. Ah ! me disais-je, il est toujours
dangereux de prêter l'oreille aux discours des
hommes, on n'entend qu'un bruit de paroles
entrechoquées. Où est la vérité ? Est-elle avec
Pierre? Est-elle avec Paul ? Est-elle entre Pierre
et Paul ? Le plus sûr serait de donner raison à
tout le monde comme maître Jacques et même
à moi Jésuite. Car enfin on ne pend pas un
homme pour les *pécadillons* qui me sont re-
prochés ?

Si on est tué pour ne pas avoir l'esprit moderne, on sera tué deux fois, trois fois, pour ne
ne pas avoir d'esprit du tout. On sera encore
tué pour ne pas avoir l'esprit politique, l'esprit

de suite, l'esprit de parti, l'esprit de corps, et à plus forte raison si on a un esprit détestable. De plus, quel est l'homme d'esprit qui décidera que son voisin n'a pas d'esprit? Vous-même, ne direz-vous pas :

Que nul n'aura d'esprit hors nous et nos amis ?

Je ne suis pas le moins du monde certain de votre impartialité. Deux choses m'ont toujours surpris en vous ; la première, les scrupules que vous avez ; la seconde, les scrupules que vous n'avez pas. Vous avez des scrupules étranges sur la conduite des honnêtes gens et sur celle des Jésuites, vous voyez en nous des ennemis publics, des malfaiteurs qui conspirent contre la France, et vous n'avez pas le moindre scrupule lorsque grandit l'audace de ceux qui complotent ouvertement de ruiner le pays, de déshonorer son armée, de diviser ses citoyens. Voici deux congrégations : l'une de Jésuites qui manifestement fait le bien, l'autre de françs-maçons qui manifestement fait le mal. Les premiers ont mérité la reconnaissance publique par d'incessants bienfaits, les seconds n'ont rendu aucun bon service, ils en rendent chaque jour une multitude de mauvais ; les uns vivent dans la lumière, les autres vivent dans les ténèbres. Les Jésuites conservent et

construisent ; les Maçons renversent et détruisent ; par une singulière ironie, ils réservent
toute leur activité pour relever ce fameux
temple de Jérusalem dont Celui qui ne trompe
pas a dit qu'on essaiera vainement d'y faire
tenir la seconde pierre sur la première. La
Compagnie n'a que des amitiés glorieuses, la
Maçonnerie n'a que des alliances suspectes... Et
toutes vos inimitiés sont pour les Jésuites,
toutes vos faveurs pour les Maçons !...

Vainement j'ai interrogé la conscience d'un
Jésuite. Je n'ai pu y trouver l'ombre d'un délit.

Sans nul doute, monsieur, vous serez plus
heureux que moi dans vos recherches et vous
voudrez bien me dire en quoi, en tant que
Jésuite, j'ai pu manquer vis-à-vis des lois, du
gouvernement, de la magistrature, de MM. les
sénateurs, députés, sergents de ville, gendarmes ou gardes champêtres.

Soyez bien convaincu, monsieur, que vous
n'obligerez pas un ingrat en me communiquant
les résultats de votre enquête. Je suis tout disposé à vous témoigner ma reconnaissance en
signalant à votre attention les défauts que l'on
remarquerait dans votre conduite à l'égard du
pays. Nos recherches seront moins laborieuses
que les vôtres.

Échange de bons procédés.   R. P. X...

LETTRE Vme

Où l'auteur, répondant à un désir secret de M. Waldeck-Rousseau, lui fait connaître la vérité vraie sur les Jésuites ; il prend occasion d'une querelle entre Hébreux et Grecs pour expliquer la division du travail dans l'Eglise ; du travail particulier de la Compagnie, de son activité latente et de son influence ; comment elle s'exerce : prédication, éducation. D'une congrégation que M. Waldeck voudrait fonder avec M. Zévaès et M. Trouillot... mais qui existe déjà sur les montagnes neigeuses... et ailleurs.

L..., 30 août.

Monsieur,

Si je ne me trompe, ma dernière lettre vous a laissé sous l'impression d'un désir : celui de connaître la vérité entre des opinions extrêmes et contraires. Les uns ne voient les Jésuites nulle part, les autres les voient partout. Où sont-ils donc et où ne sont-ils pas ? Ces questions se posent naturellement à votre esprit. Par suite des mêmes exagérations, tandis que ceux-ci étendent jusqu'à l'infini le champ de notre activité, les autres le resserrent jusqu'au néant, et, d'après ces points de vue divers, tantôt nous sommes de robustes ouvriers au cœur généreux, à la main puissante, et tantôt d'insignes paresseux qui volent leur salaire et leur pain, tout au moins vivent aux dépens du public qui ne retire aucun profit de ses débours.

Entre ces points contraires, je voudrais rechercher d'abord, ensuite établir la vérité.

Je vous l'avoue, monsieur, nous ne faisons pas les œuvres que vous aimez, que vous louez avec une certaine effusion soit devant le Sénat, soit devant la Chambre des députés. Ils ne sont donc point, en général, mérités par nous les compliments que vous accordez libéralement aux religieux ou aux religieuses qui défrichent un sol inculte, qui assainissent, parfois au péril de leur vie, une région insalubre, qui dessèchent des marécages pestilentiels, qui établissent des hôpitaux, qui construisent des maladreries, qui recueillent des vieillards, qui élèvent des orphelins. Je ne puis rien ajouter à vos justes louanges, je ne veux rien en retrancher. J'accuserai plutôt leur parcimonie : elles sont loin de s'étendre à l'ordre religieux tout entier et je constate d'abord que les Apôtres et leurs successeurs immédiats dans la vie religieuse en seraient exclus. Paul, il est vrai, fabriquait des tentes. Pierre pêchait sur le lac de Génésareth, mais tous deux ont rendu des services plus signalés au genre humain et, sans mépriser en rien leur humble métier, l'Église est plus reconnaissante à Paul d'avoir si bien instruit les fidèles et à Pierre de les avoir si parfaitement conduits. Eux-mêmes virent tout de suite qu'il ne fallait pas donner sans précautions dans le souci des choses matérielles.

Vous n'ignorez pas, monsieur, qu'il y avait dans la primitive Église, comme dans l'Église du vingtième siècle, beaucoup d'orphelins, de mendiants, de vieillards ou d'infirmes. Malgré leur pauvreté très respectable et aussi très respectée, ces pauvres gens étaient fort encombrants, leurs plaintes et leurs besoins créaient une situation difficile. Il fallut aviser. Vous, monsieur le président du conseil, qui collationnez avec tant de soin les paroles de saint Louis, de Charlemagne, de saint Ambroise, de saint Jérôme (vous dites Ambroise, vous dites Jérôme), vous avez certainement remarqué sur la matière un texte assez court mais très important des Actes des Apôtres. Malheureusement vous avez omis de le citer. Permettez-moi de réparer cet oubli. Donc, en ce temps-là, les Grecs discutaient avec les Hébreux. (Voyez le chapitre sixième.) Les Grecs prétendaient que les aumônes allaient toutes aux Hébreux, et les Hébreux, qu'elles étaient toutes retenues par les Grecs. Il y eut même à cette occasion un grand meeting ou une sorte de *referendum*.

Les Apôtres dirent aux fidèles : — Nous ne pouvons abandonner la prédication pour servir à table... Ce discours obtenant l'assentiment général, les Apôtres ajoutèrent : — Nous diviserons le travail. Notre part sera la prière et la parole de Dieu. Vous choisirez quelques braves gens animés du Saint-Esprit, que nous chargerons de tout ce matériel : *quos constituamus super hoc opus...* Et ainsi fut fait. Les fidèles élirent Etienne, Philippe, Prochore, Nicanore, Timonéon, Parménon, en outre un étranger d'Antioche qui s'appelait Nicolas. Comme vous avez un certain goût pour l'anecdote, vous ne me reprocherez certainement pas mon historiette apostolique ; de plus elle a cet avantage de vous montrer, au début même de la période apostolique, le partage du travail entre les familles religieuses. Les unes vont principalement au besoin de l'âme, les autres au besoin du corps, sans toutefois oublier l'âme. C'est fort bien fait de louer les unes, mais c'est fort mal fait de combattre et de critiquer les autres. Je vous félicite, monsieur, de tant aimer Prochore, Nicanore, Timonéon, Parménon, mais pourquoi ne faites-vous aucune part de votre tendresse ou de votre estime à Pierre, à Paul, à André, à Jean ? Vos louanges en deviennent suspectes et même offensantes. J'ai besoin de m'expliquer avec quelque détail sur ce point que vous et les vôtres avez fort obscurci.

L'Église, monsieur, est une mère, comme telle, elle aime tous ses enfants et — hors le mal — elle aime tout en ses enfants. Elle est sensible aux témoignages de leur reconnaissance, mais elle s'étonnerait que, très touchés des soins donnés à leur corps infirme, ils oubliassent les soins donnés à leur âme. Imaginez une patricienne, femme de grand esprit comme de grand cœur, que ses fils loueraient exclusivement d'exceller dans la conduite économique de sa maison. Ne pensez-vous pas que bientôt elle serait blessée par ces compliments et réclamerait le silence en étonnant peut-être ces grands nigauds qui tout bonnement croyaient lui faire plaisir et honneur ?

Votre esprit si lucide comprend tout de suite mon apologue. De grâce, monsieur, n'insistez pas seulement sur certains services, réels d'ailleurs, que l'Église a rendus par la main de quelques ordres religieux, parlez aussi des services rendus par d'autres. Ne louez pas si vivement l'Église d'être une honnête ménagère, de travailler beaucoup et à bon marché, en montrant un parfait dévouement ; louez-la davantage d'être une reine et de parler par la bouche de ses fils avec tant de vérité et d'opportunité. Si vous entendiez la langue chrétienne, je vous dirais : au-dessus des œuvres de la miséricorde matérielle, mettez les œuvres de la miséricorde spirituelle.

Hélas ! j'ai tout lieu de croire que vous ne suivrez pas mon conseil. Cette seconde partie du labeur apostolique ne vous convient pas, surtout lorsqu'elle est confiée aux Jésuites. Vous le disiez aux sénateurs en rappelant les paroles que M. Dupin — ce grand ancêtre — a « burinées d'une plume si ferme » :

« L'arrêt, disait Dupin, déclare l'Institut des Jésuites inadmissible par sa nature dans tout État policé, comme contraire au droit naturel, attentatoire à toute autorité spirituelle et temporelle, tendant à introduire dans l'Église et dans tous les États, sous le voile d'un institut religieux, un corps politique dont *l'essence consiste dans une activité continuelle* — les mots soulignés le sont par moi — pour parvenir par toutes sortes de voies, directes ou indirectes, sourdes ou publiques, d'abord à une indépendance absolue, et successivement à l'usurpation de toute autorité. »

La gauche applaudit M. Dupin, mais vous

ne lui permettez pas d'oublier M. Waldeck ; aussi vous ajoutez avec ce léger *trémolo* qui avertit vos auditeurs d'ouvrir leur esprit (autant qu'ils le peuvent) et de préparer leurs mains pour les applaudissements :

« Le fait le plus inquiétant, le plus saisissant, messieurs, ce n'est pas le développement de la richesse, c'est le développement de l'influence, c'est l'occupation stratégique de toutes les avenues par lesquelles on doit passer depuis l'enfance pour arriver à l'âge d'homme. C'est la mainmise sur les esprits et sur les intelligences, — en passant, s'il vous plaît, quelle différence mettez-vous ici entre l'esprit et l'intelligence ? — c'est la mainmise sur les consciences... »

Quel crime abominable ! Mais, monsieur, comment peut-on écrire, parler, conseiller, exhorter, prêcher, confesser ou diriger sans mettre la main sur les esprits et sur les consciences ? Si cela est défendu, il est en même temps défendu d'être Jésuite, d'être prêtre catholique et de semer l'Évangile. En bonne logique, il sera également interdit d'être ministre et de parler au pays par la fenêtre de la Chambre des Députés. Est-ce que vos discours seraient autre chose dans votre intention et dans votre action qu'une mainmise sur l'esprit public? Alors pourquoi parlez-vous? Et dites-moi, je vous prie, quelle est votre manière d'entendre la liberté d'opinion et la liberté de discussion? On n'aura plus que le droit de penser ce que vous voudrez bien penser et de discuter dans le même sens que vous. Qu'il se taise, tout orateur, s'il prétend que M. Waldeck-Rousseau n'est pas l'infaillibilité en personne, à toute heure du jour et de la nuit et sans aucune assistance d'aucun esprit.

Passez-moi encore une anecdote.

Connaissez-vous une petite ville du Nord que ses citoyens appellent Saint-Amand-les-Eaux et ses voisins, Saint-Amand-les-Boues? Non, sans doute. Or, à Saint-Amand-les-Eaux ou à Saint-Amand-les-Boues, vous aviez un admirateur.

— Voilà, disait-il, en adoptant votre thèse et en louant votre discours, comment je conçois la liberté... J'oubliais de vous dire que votre partisan est de son métier fabricant et marchand de chaînes. — Oui, repartit un voisin, cette manière de comprendre la liberté fait aller votre commerce... Et chacun de rire, un peu à vos dépens.

Soyons plus sérieux. Que trouvez-vous à redire dans notre travail? En vous appropriant la pensée de M. Dupin, vous prétendiez tout à l'heure que nous inquiétons l'Église. Cette compassion part-elle d'un bon naturel ? Si oui, vous ne serez pas compris et Léon XIII ne vous sera pas le moins du monde reconnaissant des soucis que vous avez exprimés pour son gouvernement. Pensez-vous de bonne foi que les craintes de l'Église lui viennent de notre côté et non pas du vôtre ? Sont-ce les Jésuites français que le Pape juge peu respectueux de ses désirs, ne seraient-ce pas plutôt les ministres, et ne feriez-vous pas bien de reporter sur vous ces scrupules excessifs et trop délicats que vous avez conçus pour nous ?

J'en arrive à cette *activité continuelle* qui *constitue notre essence*. Non sans joie et sans fierté, je dirai, autant qu'il est en moi, comment elle se manifeste.

Nous vivons d'abord, ce qui est d'un bel exemple et n'est guère possible que par un miracle d'énergie.

J'ai connu dans ma jeunesse l'un de nos Pères, aujourd'hui vétéran des missions de Chine et dès lors très désireux de prolonger son apostolat et de faire feu qui dure. Ses amis lui recommandaient de ne pas tomber tout de suite, en suivant le mauvais exemple donné par quelques jeunes missionnaires. Il les rassura par ces paroles : « Lorsque vous entendrez dire que le Père Cordur est mort, vous répondrez : C'est qu'il n'a pas pu faire autrement. »

Tous les Jésuites ressemblent au Père Cordur. Nous sommes déterminés à vivre, nous vivons en dépit d'efforts furieux ou perfides et il faut que l'âme nous soit bien chevillée au corps pour résister aux coups qui nous ont frappés et qui nous frappent. Nous vivons sous une menace éternelle de dispersion, de confiscation, de suppression. Incertains non seulement de l'heure qui sonnera demain, mais encore de l'heure qui sonne aujourd'hui, tandis que nos puissants ennemis décrètent notre ruine, nous préparons audacieusement l'avenir et l'on dirait que nous comptons sur les siècles comme s'ils étaient à nous. Ils sont à Dieu, à l'Eglise, cela nous suffit.

Cette vie tenace a son emploi. Ne l'aurait-elle pas qu'elle en trouverait. On a donné bien des définitions du Jésuite plus ou moins exactes ; j'en hasarderai une qui ne sera pas plus mauvaise que plusieurs. Un Jésuite est un homme qui cherche toujours quelque chose à faire ou à faire faire. Il y songe depuis quatre heures du matin jusqu'à neuf ou dix heures du soir et quelquefois pendant la nuit. Généralement la réalité en chair et en os, armée pour la vie et pour la durée, sort de ce rêve vivant ou de cette méditation. Je ne résiste pas au plaisir de vous présenter un Jésuite de mes amis qui est bien l'homme le plus curieux qui se puisse rencontrer. Ce n'est pas un orateur, bien que sa conversation soit très intéressante sous la petite flamme de son regard bon et malicieux ; ce n'est pas un prédicateur, puisqu'il ne monte jamais dans la chaire chrétienne, et cependant ses discours ordinaires font plus de bien que beaucoup de prédications. C'est un chercheur qui, suivant mon propos de tout à l'heure, se demande nuit et jour ce qui peut se tenter pour avancer les affaires de Dieu dans le monde. Si vous lui parlez, soyez bien certain que tout en vous écoutant, avec une parfaite courtoisie, il cherchera vos anses et vos oreilles pour vous saisir, je veux dire qu'il étudiera le parti que l'on peut tirer de vous. Êtes-vous écrivain ? il vous donnera le plan d'un livre à faire ; orateur ? celui d'un discours ou d'une conférence ; habitez-vous à la campagne ? il a dressé un catalogue des œuvres rurales ; — à la ville ? un autre catalogue d'autres œuvres qui conviennent plus spécialement aux populations citadines. Humble, il n'écrit pas son nom en tête de ses entreprises, et ce prodigieux ouvrier, à peine connu de quelques-uns, mourra sans peut-être laisser un souvenir de lui. Je vous étonnerais bien, monsieur, en vous disant toutes les entreprises qu'il a suscitées ; j'étonnerais même ceux qui s'en croient les premiers auteurs, à qui très volontiers il laisse cette pensée avantageuse.

Je vous parle moins d'un Jésuite en particulier que de toute la Compagnie. Ce qu'un seul d'entre nous a fait, tous le font ou le veulent faire, chacun bien entendu dans la mesure de son talent. J'emploie ce mot au sens de l'Evangile. Puisque vous désirez connaître le principal travail de l'Ordre fondé par saint Ignace, le voici :

Regardez bien, monsieur, parce qu'il est difficile à saisir. Il n'a point de nom, point de couleur, point de frontières, point d'ateliers, point de manuel. Il ressemble au sel qui se perd dans les aliments auquel il communique sa saveur, au levain qui se dissout dans la masse où il fermente. Ce travail, dispersés ou réunis, nous le ferons toujours, quand même vos lois s'opposeraient à notre prédication, à notre direction.

Et de quel droit, monsieur, nous interdire des fonctions qui sont celles mêmes auxquelles l'Évangile nous invite ? Serez-vous le juge de nos méthodes ? Prononcerez-vous sur nos systèmes en théologie ou en philosophie ? Serons-nous condamnés à élargir les tribunaux de la pénitence, afin qu'un Jésuite et un délégué de

M. le ministre des cultes s'y assoient dans le même temps ? Examinerez-vous après l'Église catholique le livre des exercices de saint Ignace, d'où découle notre spiritualité, pour vous prononcer sur son caractère ? Vous qui croyez à peine à l'existence de Dieu, comment établirez-vous la part de Dieu au milieu de ces pages qu'un homme a écrites ? Combien plaisantes ces prétentions dans la bouche d'un président du Conseil qui réclame toutes les libertés et n'en peut tolérer aucune, d'un homme qui se plaint sans cesse des usurpations cléricales, lorsque lui-même s'installe en maître sur le terrain religieux le plus réservé et le plus sacré !

Si au lieu d'accusations vagues, d'une loyauté douteuse, si au lieu d'un procès de tendance, de ces termes généraux *d'esprit ancien, d'influence occulte*, vous aviez de sérieux griefs, depuis longtemps ces griefs seraient exposés au regard du pays. Vous n'avez rien dit parce que vous n'avez rien à dire, si ce n'est que vous n'aimez pas notre manière d'instruire, notre manière de prêcher, notre manière de diriger.

Il nous suffit que notre clientèle en soit contente et nous nous déplairons à nous-mêmes lorsque nous commencerons à vous plaire.

Parmi nous, les uns enseignent et on est assez content de leur éducation, puisque la liberté, un peu de liberté bien précaire, suffit pour remplir leurs collèges. Certes, je ne voudrais en rien diminuer le mérite de l'Université où se rencontrent nombre d'honnêtes gens, mais avouez que vos maisons ne seraient guère florissantes si vous les mettiez au régime de nos maisons, si votre main était aussi parcimonieuse en leur versant l'or et la liberté. Les lycées ont peu d'amis parmi leurs anciens élèves, les nôtres ne nous détestent pas tous avec acharnement et ne passent pas tous à l'ennemi. Il en est qui nous témoignent une affection profonde et enthousiaste, leur reconnaissance est si manifeste qu'elle a créé une sorte de dicton à notre profit : *Il aime les Jésuites comme un de leurs anciens élèves.* Je sais qu'il y a des exceptions, mais d'où viennent-elles, ces exceptions, où vont-elles ?

Nous *écrivons*. Par don de nature ou grâce de vocation, j'aime assez nos livres. La partie biographique est, je l'avoue, un peu trop abondante. Tout Jésuite qui se respecte écrit la vie d'un autre Jésuite. Quelques-uns des nôtres qui ne le méritaient pas assez, ont reçu ainsi l'honneur d'un second enterrement. Encore faut-il ajouter que ce léger travers qui ne coûte rien à personne, sauf à quelques libraires, a bien son excuse. On s'aime et on s'estime chez nous. Quelques-uns, à nos yeux du moins, sont des types d'honneur et de vertu. Eh! eh! monsieur le président du conseil, en diriez-vous autant du collège ou du conseil des ministres?

Mais à côté de ces livres qui d'ailleurs ont leur mérite, nous en publions beaucoup sur les principes de la vie religieuse et chrétienne.

Nos ouvrages se placent comme d'eux-mêmes sur les rayons des bibliothèques pieuses, dans les couvents, sous les yeux des personnes simples et droites qui aiment une bonne lecture comme du bon pain. Ils ont tous un air de famille. Ils sont clairs, honnêtes, joyeux; ils élèvent en reposant, et pas la moindre prétention. Pour le dire en passant, notre famille compte quelque dix mille écrivains qui ont besogné de leur mieux contre les mécréants. C'est une dette de reconnaissance. La Compagnie se souvient que son fondateur s'est pleinement donné à Dieu et à l'Église, lorsque mal guéri d'une blessure reçue au siège de Pampelune, il lisait de pieux écrits, — n'en ayant pas d'autres sous la main — pour occuper les loisirs de sa convalescence.

Nous *prêchons*. Nous avons quelques-unes des qualités qui font les prédicateurs, nous manquons plutôt des quelques défauts que

Sainte-Beuve jugeait nécessaires aux orateurs. On nous dit sages, sensés, pratiques, nous ne donnons dans aucune nouveauté, nous commentons l'Évangile.

La grande éloquence ou l'éloquence moderne s'en tire comme elle peut. Quelques-uns préféreraient un peu plus d'éclat et de sonorité ; mais l'un de nos derniers généraux, — il ne s'agit point de ceux qui portent l'épée, — le Père Roothan, un Hollandais, disait que chez nous, le bon travail est fait non point par les aigles mais par les bœufs.

Certainement, monsieur, vous savez comment travaillent les aigles ; je vous ai montré à peu près ce que font les bœufs. Pourquoi troubler leur labeur sur le sillon ancestral ; il est si nécessaire au genre humain et à notre pays ; pourquoi nous défendre d'ouvrir la terre où doit germer la moisson de la doctrine : *Non in solo pane vivit homo ?*

Mais il est d'autres œuvres qui ont vos préférences et vous jugez que nous les abandonnons comme indignes de nous ou trop pénibles. Je n'entre pas, monsieur, dans le mystère de vos pensées, je n'ai surpris aucune de vos confidences. Vous-même, incapable de contenir plus longtemps vos douleurs apostoliques, vous avez laissé lire dans votre âme et encore un peu on y aurait lu le projet d'une nouvelle congrégation religieuse. Vous disiez donc le 21 janvier 1901 :

« Ah ! certes il y a telles communes et telles paroisses, dans les neiges des Alpes ou sur les cimes de l'Ariège, par exemple, où le service paroissial devient singulièrement dur et pénible, où le desservant doit franchir de longs espaces dans la boue et parfois sous la neige ! »

Excusez-moi de vous interrompre un instant pour marquer le moment précis où perce votre regret et peut-être votre projet. Le voici :

« Chose singulière ! Dans l'infinie variété des congrégations religieuses, je n'en vois pas une qui se soit proposé pour but de placer à côté de ce desservant quelque moine pour alléger son travail. »

Le *Journal officiel* constate que de vifs applaudissements ont salué vos paroles. L'émotion était générale à gauche et à l'extrême gauche. Pourquoi vous êtes-vous arrêté si vite ? Encore quelques paroles aussi chaleureuses, c'en était fait : un nouvel ordre religieux naissait au soleil de l'Église, et, accompagné de M. Alexandre Zévaès, de M. Trouillot, de M. Cocula, vous vous acheminiez vers Rome et demandiez au Pape de bénir : le seul institut qui se soit proposé pour but, comme vous dites si bien, de placer à côté d'un desservant quelque moine pour alléger son travail. L'histoire aurait eu un bon sourire pour ces parlementaires convertis en moines neigeux ou boueux.

Rassurez-vous cependant. Cette congrégation existe, elle n'est pas même solitaire *dans l'infinie variété*. Sans les connaître toutes, j'en connais quelques-unes et je nous connais nous-mêmes. Il nous arrive de travailler dans la neige et dans la boue et d'aider le petit desservant de la montagne. Connaissez-vous la vie de saint François Régis ? — pardon, de François Régis ? Apprenez du moins comment il est mort sur ces montagnes sauvages qui ont ému tout à l'heure votre sensibilité : je ne ferai guère que citer son historien.

Le saint homme (vieux style) partit du Puy le 22 décembre pour arriver le lendemain à La Louvesc. Les routes étaient effroyables. Le missionnaire fut obligé de s'ouvrir le chemin en plusieurs endroits en rompant la glace. Habituellement, il se traînait sur les mains ou grimpait sur des rochers glissants, malgré un continuel danger de rouler dans les abîmes. Il s'égara, chercha un gîte et ne le trouva que dans une masure abandonnée. Il y était entré baigné de sueur, il en sortit tremblant de froid et bientôt dévoré de fièvre. C'était la mort. Elle ne l'arrêta point dans son travail. A la première clarté de l'aurore, il parvint à La Louvesc où l'attendait un peuple immense, il passa trois jours et trois nuits au confessionnal, n'en sortant que pour prêcher. Après le dernier sermon, en la fête de saint Etienne, il voulut encore s'asseoir au tribunal de la miséricorde. La foule des pénitents était si pressée qu'il n'y put parvenir. Il s'établit près d'une fenêtre sans vitres et sans volets et il entendit encore les confessions jusqu'à ce qu'il tombât en syncope. Les paysans le ramassèrent et le conduisirent enfin chez le curé, les uns pour soigner leur missionnaire, les autres dans l'espérance que, revenu à lui, le saint homme aurait encore la force de recevoir leurs aveux et de les absoudre. Leur confiance ne fut pas trompée, mais François ne voulait aucun adoucissement à ses maux ; sa joie surpassait sa douleur. Il était sur la paille, entouré de ces pâtres et de ces laboureurs qu'il avait tant aimés et il leur laissait sa sainte dépouille comme la richesse et la gloire de leurs montagnes.

Si François Régis vivait encore, l'obligeriez-vous, monsieur, à quitter son genre de vie, la profession religieuse dans la Compagnie de

Jésus, sous prétexte qu'il ne travaille pas pour
les villageois ou les montagnards ? Combien
cependant parmi nous, sans le même éclat de
sainteté, il est vrai, font la même œuvre et
sans avoir jamais confessé une duchesse ou
même un ministre n'ont d'autres clients que
les derniers sauvages de l'Alaska, des Montagnes rocheuses, les vieux civilisés du Céleste-
Empire ou ces lépreux de Madagascar dont
l'épouvantable misère a frappé d'étonnement
nos yeux d'Occidentaux si peu habitués à de
telles douleurs ?

Quelques-uns de ces lamentables débris,
de ces restes d'hommes rejetés de partout
avec mépris et colère, se sont réfugiés dans
une terre que le gouvernement Hova incapable
d'en rien obtenir, leur avait abandonné.
L'eau y manque à ce point qu'elle ne suffit
pas toujours à calmer la soif, ni à cuire
une poignée de riz. Quelques taudis s'élèvent
ou s'écroulent sur ce sol ingrat balayé par un
vent impétueux ; dans ces gîtes, tout manque :
le plancher et le plafond, la porte et la fenêtre,
la cheminée et le lit, et cependant quelques
malheureux s'y entassent, presque nus, toujours affamés, tourmentés par d'inexorables
maladies, rongés par la vermine, exhalant
l'odeur d'une chair en putréfaction. La plupart

ont perdu leurs mains ou tout au moins leurs doigts, d'autres marchent avec peine sur des pieds que la lèpre a rongés. Les uns n'ont plus de voix, les autres n'ont plus d'yeux ou même de bouche ayant apparence humaine. Un jour, un Jésuite obligea ses porteurs à le déposer au seuil de la maladrerie ; ils obéirent mais s'enfuirent. Le Père entra, il rassura ces malheureux tremblant à son aspect, ses douces paroles trouvèrent le chemin des cœurs, il pansa de ses mains des blessures hideuses ; il soigna des âmes encore plus malades. Aujourd'hui, il y habite ; la résignation, la foi, la charité fraternelle, et même une sorte de gaîté et de joie dans la douleur sont venues sur ses pas. Ces infortunés ont connu la douceur de nos fêtes chrétiennes ; Noël les a vus comme ravis devant la crèche. Leur vie n'a plus la même horreur et la mort leur paraît une récompense.

Le P. A. Belanger, dans son beau livre *Les Jésuites et les humbles*, ajoute, après avoir raconté les merveilles de cet apostolat, que d'autres Ordres, d'autres Congrégations donnent des exemples semblables. Le P. Damien, des Pères de Picpus, a entrepris le premier, si je ne me trompe, en Afrique, l'évangélisation des lépreux, mais l'héroïsme d'un soldat laisse placé à d'autres héroïsmes. Le Jésuite non plus n'est pas un isolé parmi ses frères. Combien envient le bonheur de pareils travaux ?

Je me défends d'écrire ici votre vieux nom de gentilhomme que votre génération a quatre fois rajeuni dans la gloire du sacrifice religieux, cher et presque illustre frère C... Qui sait si, à Madagascar où vous allez, les lépreux ne seront point les héritiers d'une ardeur qui ne peut plus se dépenser dans les collèges de France, au profit de sa jeunesse ?

Je reviens à vous, monsieur Waldeck.

Voilà donc les hommes que vous frappez.

Agréez l'expression des sentiments qui vous sont dus.

R. P. X...

LETTRE VIme

Où l'auteur demande à M. Waldeck pour quelles raisons l'on voudrait qu'il se fit autoriser. — Autoriser à quoi ? autoriser pourquoi ? — Va-t-on autoriser tous les Français ? — Si pas les autres, pourquoi lui ? — Parce qu'il est religieux ? — Cela ne regarde personne que le bon Dieu, le Pape et sa conscience. — Grande perplexité. — Un mot sous forme de post-scriptum.

L..., le 1er septembre.

Pourquoi, monsieur, voulez-vous que je me fasse autoriser et quel besoin ai-je de demander ou de recevoir votre autorisation ? J'ai là-dessus quelques doutes et quelques scrupules.

J'écarte d'abord une crainte injurieuse que mes amis, plusieurs de mes amis ont conçue. Vous vous offrez à autoriser les Congrégations ou du moins plusieurs Congrégations, mais vous leur demandez sur elles-mêmes des détails très intimes. Pour quelle raison, disent mes amis, cette inquisition sur le personnel, sur la fortune, sur les supérieurs ? On n'en voit pas ou l'on en voit trop le motif. Que les religieux soient bons ou mauvais à vos yeux,

qu'ils fassent, toujours à votre regard, œuvre
utile ou œuvre nuisible, quel intérêt avez-vous
à connaître leur nombre et leurs ressources ?
S'ils sont mauvais, ils sont toujours trop nombreux et trop riches ; s'ils sont bons, ils ne
seront jamais ni trop nombreux, ni trop
riches.

Il est vrai que leur candeur mettrait entre
les mains du pouvoir une arme terrible contre
eux. Vienne à s'ouvrir l'ère des conflits, celle
que vous avez prévue dans plusieurs articles
et paragraphes de votre fameuse loi, le gouvernement sait tout de suite où sont les personnes à emprisonner et les biens à confisquer...
Puis-je dire à nos amis qu'une telle pensée est
tout à fait indigne de vous, que si vous ne
l'avez pas rejetée avec horreur, c'est que jamais
elle ne s'est présentée à votre esprit ? Il y
aurait là, sous couleur de préparer un traité
de paix, un abus de confiance tellement scan-
daleux que votre honneur, l'honneur du gouvernement en serait révolté.

Néanmoins — même cette crainte écartée —
je préfère ne pas solliciter l'autorisation. Ne
faisons jamais de choses inutiles. A quoi bon
m'*autoriser* et pourquoi voulez-vous m'*autoriser* ? Ai-je besoin d'une autorisation pour me
lever ou pour me coucher, pour boire un verre

de vin ou pour boire un verre de cidre, pour
aller à la promenade ou pour lire mon journal
avec mes amis ? Non, n'est-ce pas ? pas encore.
Vous pouvez regretter amèrement que tant de
liberté soit laissée aux Français ; le temps de
les supprimer viendra bientôt ; mais enfin, il
n'est pas venu. Or, monsieur, je ne fais guère
autre chose que ces actions communes, permises à tout le monde, qu'aucun pouvoir n'a
interdites jusqu'à l'heure présente et toute ma
conduite sévèrement inspectée ne me paraît
pas le moins du monde suspecte. Je me lève de
bon matin, je dis ma prière comme tout bon
catholique, je célèbre ensuite la sainte messe,
je vaque à mes travaux qui sont d'étudier,
d'écrire, de parler. Comme M. de Pourceau-
gnac, ou M. Jourdain, je dîne, je soupe, je dors,
je respire louablement, il est vrai sans l'autorisation du gouvernement, mais je vous le
répète, elle n'est pas encore nécessaire.

D'autre part, je paie mes impôts, je suis en
règle avec le percepteur, avec le conseil municipal, avec la préfecture et la sous-préfecture
et, je pense, en paix avec l'univers.

A quoi donc me servira votre autorisation
puisque je ne compte faire que ce que j'ai fait
jusqu'à présent sous le sourire des lois et avec
un vague espoir d'être un jour décoré comme

bon citoyen ? J'imagine qu'une autorisation
s'accorde à des gens qui veulent faire des
choses défendues ou non permises — il y a une
nuance — au reste des humains et peut-être
sortir du droit commun par la porte du privilège. Tel n'est pas mon cas, je ne veux pas du
privilège, je ferme la porte au privilège, je
revote après 89 l'abolition de tous les privi-
lèges. Je ne me réclame que du droit commun.
De grâce, monsieur Waldeck, ne me faites pas
sortir du droit commun ; enfermez-moi au
contraire dans le droit commun. Traitez-moi
comme M. Toutlemonde. Ayez pitié d'un malheureux qui n'aspire qu'à ressembler à tous
les voisins qu'il a eus ou qu'il aura ; ne l'obli-
gez pas à rétrograder jusqu'au moyen âge et
à être réactionnaire sans le vouloir.

Est-ce le moment de répondre à quelques
braves gens, un peu épais d'esprit ou séduits
par une sorte de servilisme légal et qui volontiers accuseraient les religieux d'être hostiles
aux lois du pays s'ils ne sollicitent pas l'autorisation. Pourquoi donc, nous disent-ils, ne pas
vous mettre en règle avec le pouvoir ? Eh !
messieurs, nous sommes en règle avec le pouvoir. Vous vous trompez étrangement, si vous
voyez dans notre refus ou dans notre attitude
je ne sais quelle révolte ou quelle mutinerie.

Vous ne demandez pas à la loi française la permission de prendre un bain, d'acheter une redingote, d'allumer un cigare ou de lire un journal, par l'excellente raison que ces différentes actions ne regardent pas plus la loi française que Sa Seigneurie le Grand Turc. La loi française et Sa Seigneurie ne défendent pas, ne permettent pas de faire ces choses, elles les ignorent. C'est tout à fait le cas de Pierre lorsqu'il promet d'obéir à Paul, de Jacques lorsqu'il renonce à sa fortune, d'André lorsqu'il prend la résolution de ne pas se marier et de rester garçon. La loi interviendra assez tôt lorsqu'il y aura un délit, j'entends la loi humaine et codifiée. Celle qui nous frapperait par le seul fait que nous sommes religieux serait inique, elle cesserait d'être une loi en s'élevant contre la loi primordiale, éternelle, intangible. Le Souverain Pontife, c'est-à-dire le premier définiteur du droit le déclare dans ces paroles solennelles :

« Nous réprouvons hautement de telles lois parce qu'elles sont contraires au droit naturel et évangélique..... contraires également au droit absolu que l'Église a de fonder des instituts religieux. »

Que de telles lois viennent à être promulguées, ce ne sont plus les citoyens qui se révoltent en leur refusant l'obéissance, ce sont les lois elles-mêmes qui s'insurgent contre le droit des citoyens.

On a vraiment trop oublié ces notions, ces distinctions fondamentales, et le P. Burnichon a cent fois raison de le dire (*Études*, numéro du 5 septembre 1901) : « Il est heureux vraiment qu'une bouche auguste rappelle de temps à autre à ceux qui font des lois, qu'il existe un droit naturel, et que les lois contraires au droit naturel ne sont rien autre chose que des excès de pouvoir, des fantaisies tyranniques sans autorité morale.....

« Voilà ce qui n'a peut-être pas été dit assez clairement ni assez énergiquement par les hommes qui ont combattu pour la liberté des congrégations. Ils ont disserté avec beaucoup de force sur les textes et les documents juridiques ; ils ont démontré lumineusement que rien, ni dans la lettre de nos lois, ni à plus forte raison, dans les principes dont elles s'inspirent, n'interdit la vie religieuse ; ils n'ont pas déclaré avec la même netteté qu'elle fait partie de ces droits qui n'ont point leur origine dans les lois humaines et que les codes ne sauraient ni ébranler, ni affermir. »

Vous m'objecterez tout de suite que je suis religieux et comme tel exclu du droit commun.

Déclarez d'abord, monsieur, que le droit commun n'est plus le droit commun : qu'il y a deux droits, deux lois, deux poids — un droit, une loi, un poids pour vous et vos amis, un autre droit, une autre loi, un autre poids pour céux qui ne sont pas vos amis. Déclarez encore que votre liberté n'est pas pour tous les citoyens, que votre égalité crée des castes nouvelles, que par votre fraternité vous entendez la guerre aux croyances et aux croyants. Ce sera clair, mais ce ne sera pas tout. A mon tour, je vous déclarerai que je ne suis pas Jésuite pour un sol. Non, monsieur, pas du tout. Jésuite, je le suis et m'en fais gloire vis-à-vis de l'Église et de ses fidèles, je ne le suis pas, je ne veux pas l'être à vos yeux. Cela ne vous regarde pas. Pourquoi mettez-vous le nez là-dedans ? Vous occupez-vous des musulmans pour savoir s'ils sont fidèles à Mahomet ; des protestants pour décider s'ils se réclament de Luther ou de Calvin ; des Juifs, lorsqu'une querelle a ému leurs rabbins et fixez-vous la vérité sur tel ou tel point de leurs traditions ? Vous occupez-vous des bouddhistes afin de leur recommander la guerre contre les rats et les souris qui rongent leur idole ? Laissez-moi donc aussi tranquille que ces hérétiques et ces infidèles. Les choses étant ce qu'elles sont, je trouve bon

qu'ils vivent pacifiquement en France, mais je
ne veux pas être de pire condition, je réclame
mon droit d'interpréter l'Évangile à ma manière
et, si je le veux, de suivre ses conseils.

Ne me répondez pas : c'est le droit que vous
donnera mon autorisation. Non, monsieur,
l'autorisation ne peut me donner ce que je possède déjà, le droit strict, enfermé dans les
limites de ma conscience, de professer ma religion comme je la comprends, bien entendu
sans inquiéter ni un homme, ni un chat.

On objecte, il est vrai, qu'un Jésuite appartient à sa constitution, c'est-à-dire à un ensemble de lois, un corps de doctrines, que ce corps
de doctrines peut être dangereux, qu'il appelle
l'attention de l'État ; de ce fait naîtrait le droit
de donner ou de refuser l'autorisation.

Permettez-moi de vous dire, monsieur, que
vous êtes en retard. Nos constitutions depuis
longtemps sont dûment approuvées. — Par qui
donc ? — Eh ! par celui à qui seul appartient
de les approuver, par le Pape, et si vous le
voulez aussi, par le temps, celui que de Maistre
appelle le premier ministre de la Providence
au département des affaires étrangères.

J'entre dans une matière un peu ingrate ;
mon excuse sera que vous m'y avez obligé.
Nos constitutions, comme celles de tous les

Ordres et Congrégations de religieux, sont un ensemble de règles inspiré par l'esprit de l'Évangile : je dirais volontiers que c'est la monnaie de ses conseils partagée entre les différentes familles régulières. Le Souverain Pontife approuve uu institut lorsqu'il le trouve bon, édifiant, utile au service de l'Église et du peuple chrétien. C'est son affaire, monsieur, ce n'est pas là vôtre. Vous n'êtes pas compétent ici quand même vous seriez aidé par la piété de M. Millerand, par la religion de M. Monis, par la théologie de M. le général André, par les conseils de M. Fallières, président du Sénat, ou de M. Deschanel, président de la Chambre des députés. Si le ridicule tuait encore, en France, vous seriez mort depuis longtemps. Comme force comique, rien n'égale la prétention de gens qui, croyant à peine à l'Évangile ou n'y croyant pas du tout, se mêlent de décider jusqu'à quel point ses augustes paroles ont été bien comprises par des hommes tels que saint Dominique, saint François, saint Ignace ou saint Vincent de Paul.

Le Saint-Siège prêterait moins à rire si, contre toute vraisemblancē, il envoyait les chanoines du Vatican visiter nos forteresses et inspecter nos vaisseaux. Après tout, parmi les chanoines du Vatican se trouvent peut-être

d'anciens soldats, d'anciens marins ; parmi les
ministres ne se rencontrent point, que je sache,
d'anciens Franciscains, d'anciens Jésuites.
S'ils y étaient, ce serait à titre de renégats
et l'apostasie n'est pas une caution d'impartialité.

Mais ces constitutions pourraient renfermer
un principe dangereux pour la sécurité de
l'État ? Ah ! monsieur, où irons-nous avec ces
possibilités, avec ces conditionnels ? De grâce,
n'arrachez pas à la mamelle les petits enfants
pour les conduire à l'échafaud, par la raison
que, peut-être un jour, ils seront assassins.
Avant de punir le crime, attendez qu'il y ait
un criminel.

Par l'autorisation, si jamais vous me l'accordez, vous voudrez bien reconnaître que l'Ordre
religieux auquel j'appartiens est d'utilité
publique. Consentirez-vous vraiment à cette
déclaration, direz-vous que les Jésuites sont
utiles au gouvernement et au pays ? Vous
n'aurez pas cet embarras si notre demande
doit suivre la filière que vous lui indiquez ;
une seule des formalités requises suffit à
l'étranglement : « Copie des statuts revêtue de
l'approbation de l'évêque diocésain. » Et si
l'évêque ne veut pas approuver, ou bien parce
qu'il trouve contre les convenances hiérar-

chiques d'ajouter sa signature à la signature du Souverain Pontife, — ou bien par tel autre motif qui relève de sa conscience ? Suis-je condamné à mourir ou à ne pas vivre, ce qui revient à peu près au même ? « Délibération du conseil municipal. » Entendez-vous nos conseillers, pour la plupart rouges cramoisis, délibérant sur l'opportunité d'établir la compagnie de Jésus dans leur ville ? Je n'y vois d'autre profit que celui d'entendre beaucoup d'insanités. « Enquête administrative. » Ces blocs enfarinés ne me disent jamais rien qui vaille. Et pourquoi tant d'enquêtes pour savoir ce que personne n'ignore ? Nos maisons, nos résidences sont de verre. On y entre à peu près comme au moulin. Je n'ai jamais obtenu d'un portier qu'il connût le nom de nos visiteurs. Ensuite : « Examen des statuts au conseil d'État. » Après : « Dépôt de la loi au corps législatif. » En vérité, monsieur, n'avez-vous rien à faire que de rouvrir ces querelles oiseuses sur le sort de quelques Jésuites ?

Ces formalités tyranniques ne sont demandées toutes, comme on veut bien me le faire remarquer, que pour les Ordres qui se fonderaient après le 1er octobre. Cela est vrai, mais sais-je, moi, étant donnée votre façon parfois étrange de concevoir les choses légales, si à

vos yeux je suis vivant ou mort, si n'étant pas
encore reconnu, j'appartiens toujours au néant
juridique ?

Admis aux conseils de mon Ordre, ce qui ne
sera pas, je ne sais, monsieur, quel parti me
sourirait. L'autorisation ne nous plaît guère :
nous la préférerons peut-être à la mort puisque
vous nous proposez ce singulier dilemme : ou
de mourir comme malfaiteurs publics, ou de
vivre, si du moins vous voulez que nous
vivions, proclamés serviteurs utiles au bien de
l'Etat.

Je me résume:

Vos avances ne nous paraissent pas sûres.
Demander l'autorisation, c'est vous donner la
clef d'une maison dans laquelle vous désirez
entrer, non comme ami, mais comme maître
et peut-être pour en chasser les habitants. Si
vous ne l'avez pas dit, beaucoup l'ont dit que
vous n'avez pas démentis.

Je n'ai pas besoin, ce me semble, d'être au-
torisé à vivre comme vit tout le monde.

Si je suis religieux, c'est mon affaire, non
pas la vôtre.

Sauf commandement du Pape, je ne vous reconnais aucune compétence pour examiner mes
statuts et constitutions. Vos amis seraient
plaisants d'y prétendre.

Votre autorisation sera-t-elle jamais accordée ? Cependant je la préfère au choléra. C'est toute l'estime que j'ai pour elle.

A bientôt, monsieur.

R. P. X...

P.-S. — En terminant, un mot sur le point de vue où je me place pour regarder cette grosse question de l'autorisation.

Je ne suis ni le Pape d'aujourd'hui, ni le Pape de demain.

Je ne suis pas cardinal ; je ne préside pas la Congrégation des Réguliers, elle ne m'a point demandé mon avis.

Je ne suis nulle part général, assistant, abbé, prieur ou gardien.

Je n'ai reçu aucune mission particulière pour tracer aux Ordres et Congrégations de la sainte Eglise une ligne de conduite inflexible et uniforme. Le Saint-Esprit qui, à les entendre, n'a pas refusé ses lumières et ses pensées à quelques journalistes, ne m'a rien dit, absolument rien dit, et je n'ai pas songé à l'*interviewer*.

Les résolutions mêmes de nos supérieurs, je peux les conjecturer comme tout le monde, au fond je les ignore.

Donc, monsieur Waldeck, je ne définis aucun

devoir. Je ne dis pas ce que les uns et ce que
les autres feront ou ne feront pas.

Je dis simplement ce que vous ne deviez pas
faire, vous : acculer les religieux au pied de
cette demande en autorisation ; tuer *civilement*
ceux qui ne la sollicitent pas : emprisonner
incivilement ceux qui la sollicitent ; prendre la
vie des uns, la liberté des autres.

Un autre jour peut-être entrerai-je dans le
fond même du débat, mais ce que je me réserve
de faire demain, je ne le fais pas aujourd'hui.

Dès aujourd'hui j'admets facilement que les
situations pour tous ne sont pas les mêmes,
ainsi que le remarque Drumont dans son curieux article : *Le méchant Jésuite et le bon Dominicain.*

« Les Jésuites n'ont même pas eu la velléité
de demander l'autorisation et ils ont bien fait.
Si on proposait à la Chambre d'accorder l'autorisation aux Jésuites, un formidable hurlement
retentirait d'un bout à l'autre de la salle et
quelques-uns de nos collègues prendraient certainement une crise. Les Jésuites ! Ce mot dit
tout.

« Les Dominicains, par contre, bénéficient
d'une sorte de prévention favorable ; ils ont
comme un vernis de libéralisme et de moder-
nisme. Je ne sais si la Chambre leur accordera

l'autorisation qu'ils sont décidés à solliciter. Peut-être Waldeck enverra-t-il un de ses affidés combattre l'autorisation que le président du Conseil aura lui-même conseillé aux disciples de saint Dominique de demander.

« Ce qui est certain, c'est que la démarche des Dominicains n'excitera pas chez les députés de la majorité l'hostilité bruyante, tumultueuse, violente, irrésistible qu'aurait excitée la demande des Jésuites. »

Je crois le fait exact, bien qu'il soit présenté avec un léger grossissement assez familier aux journalistes et aux orateurs. La conclusion ne me semble pas également certaine. Il se pourrait que l'estime des Chambres françaises ne parût pas aux Pères Dominicains aussi glorieuse que le pensent sans nul doute messieurs les sénateurs et messieurs les députés. Il se pourrait aussi d'autre part que les Jésuites ne redoutassent pas si fort de soulever tant de huées sur les banquettes vertueuses du Parlement. Déjà je vous l'ai dit, monsieur Waldeck, mon oreille est peu musicale, qui sait si ces grognements et ces hurlements ne lui paraîtraient pas une délicieuse mélodie. Je ne tranche rien, je ne pose que quelques points d'interrogation.

????

LETTRE VIIme

Où l'auteur, étudiant plus à fond la question déjà traitée, communique à M. Waldeck-Rousseau deux documents qu'il a reçus ; le premier d'un religieux qui sollicite l'autorisation par respect pour l'opinion publique, parce que le Pape le permet sous des réserves qui trompent les intentions hostiles du pouvoir, pour faire l'unanimité et surtout pour ne pas mourir. — Le second document est d'un religieux qui ne sollicite pas l'autorisation pour les mêmes raisons à peu près, envisagées d'une autre manière. — Le premier n'a pas tort ; le second non plus. Celui qui a tort c'est M. Waldeck-Rousseau.

L.., le 3 septembre.

Monsieur,

Vous avez mis les familles religieuses dans un singulier embarras ; elles se demandent avec angoisse si elles solliciteront ou si elles ne solliciteront pas l'autorisation. Les avis sont fort partagés, les uns penchent pour le parti appelé de la soumission, les autres pour le parti appelé de la résistance, mais les partisans de la soumission comprennent parfaitement qu'on ne partage pas leur sentiment et les partisans de la résistance sont loin de méconnaître la valeur des arguments qui leur sont opposés. Elle n'est point sans intérêt et sans grandeur cette lutte courtoise des idées entre adversaires qui s'aiment, qui s'estiment, qui sont convaincus tous d'une parfaite bonne foi, égale dans les deux camps et qui n'ont d'autre dessein que de servir l'Église. Je ne vous pardonnerai jamais, monsieur, d'avoir tant affligé l'esprit de ces honnêtes gens et de leur ravir des moments, des jours, des années peut-être que réclament les travaux du zèle et les soucis du gouvernement religieux !

Ah ! combien leur action déjà si utile au pays le servirait bien mieux encore si l'Église avait moins d'entraves.

Le procès qui s'instruit a donné lieu à plusieurs échanges de vues. Quelques échos de ces délibérations sont venus jusqu'à moi. Dominicains, Franciscains, Capucins, Chartreux, Carmes, Jésuites, Rédemptoristes, Assomptionnistes, Maristes, Eudistes... cousinaient à qui mieux mieux et tous s'étonnaient que l'on fît tant de différence entre hommes et familles qui se ressemblent si fort. J'avoue que les cœurs se sont rencontrés plutôt que les esprits. Entre ceux-ci l'unanimité ne s'est pas faite. Elle n'était point probable et vous avez pris soin de la rendre impossible, en créant des situations diverses, en montrant aux uns une jolie petite patte blanche et aux autres une affreuse patte, la même peut-être, mais armée à leur intention de griffes effroyables.

On a bien voulu me communiquer deux lettres échangées à cette occasion entre deux religieux..., échangées sans résultat. La première est du religieux qui demande l'autorisation à celui qui ne la demande pas ; la seconde est du religieux qui ne demande pas l'autorisation à celui qui la demande. Les noms des hommes ou des instituts n'important pas à l'affaire, je les tais et ne donne que les lettres sans signatures :

PREMIÈRE LETTRE

« Mon Révérend Père,

« Votre Révérence m'a prié de l'informer lorsque notre décision sera prise ; elle est prise aujourd'hui après longues délibérations et prières : nous demanderons l'autorisation. Je crois répondre à votre désir en exposant les raisons qui ont amené la majorité de nos consulteurs à épouser ce parti.

« La première raison est le respect de l'opinion publique. C'est elle qui tôt ou tard prononcera souverainement dans notre cause ; elle incline en faveur de la demande. Toujours un peu simpliste, elle se demanderait avec une certaine impatience pourquoi les religieux tiennent si fort à ne pas être reconnus ou autorisés. On lui a dit déjà, on ne manquera pas de lui dire encore que le gouvernement de la République ne pose pas un fait nouveau, il se réclame même des traditions de la monarchie. Les honnêtes gens conviennent que la situation des Ordres religieux avait besoin d'être légalement régularisée. Il fallait sinon un concordat, du moins un régime, un *modus*. Les jurisconsultes, les avocats se montrent sensibles à cette considération, il en est très peu qui ne conseillent à leurs clients de *se pourvoir en autorisation*.

« La demande n'ira point toute seule. Certaines formalités sont onéreuses et odieuses. C'est l'impression qui résulte d'un premier examen... après un second examen, elle s'affaiblit chez quelques-uns.

« Nous ne perdrons rien à établir notre fortune sur une comptabilité exacte, à ouvrir nos grands livres. Ce sera même un excellent moyen de faire toucher du doigt : *ce qui est* et *ce qui n'est pas*. CE QUI EST : la réalité des sociétés civiles légalement propriétaires des immeubles que nous habitons, en vertu d'un contrat de location, frappé d'impôts qui n'ont rien de fictif. CE QUI N'EST PAS : la richesse fabuleuse qui nous est si gratuitement prêtée. Il sera bien facile d'établir que balance faite entre l'actif et le passif, nous ne possédons que des dettes.

« Le dépôt de nos statuts n'a rien de gênant ou de contraire au droit canonique après l'intervention du Souverain Pontife. Elle est merveilleuse de clarté, la lettre de Léon XIII, elle réserve les droits du Siège apostolique, elle ne permet pas que les Ordres religieux soumettent à l'autorité civile les lois constitutionnelles que l'autorité religieuse a pleinement approuvées. Or, le gouvernement ne peut recevoir de nous ce que Rome nous défend de lui donner, ce que nous ne lui donnerons *jamais, jamais.* Je ne sais où nous allons, nous religieux, nous n'irons pas au schisme. Le gouvernement ne maintiendra pas ses premières prétentions. Il est trop certain de rencontrer devant un simple désir, à plus forte raison devant un ordre formel du Pape, la résistance unanime des Congrégations.

« Autre condition de l'autorisation. Elle ne sera point accordée sans de nouveaux débats au Parlement. Cette clause nous est favorable. Les discussions dont le pays retentit encore furent pour les Congrégations l'occasion d'une victoire éclatante. Contre nous, nous avons eu les voix, rien que les voix, celles d'une majorité douteuse et qui avait peur. Au contraire l'on a vu de notre côté : l'esprit, la tradition, l'éloquence, la vérité, l'honneur ! Rouvrir cette carrière, c'est nous préparer un nouveau succès. Nos ennemis ne l'ignorent pas.

« J'arrive à un point plus important, plus délicat. Nous demandons l'autorisation pour faire l'unanimité entre les religieux. Que cette unanimité soit très désirable, cela est hors de doute, mais comment l'obtenir ? Je ne vois que deux moyens : l'*unanimité passive*, aucune Congrégation ne sollicite l'autorisation ; l'*unanimité active*, toutes les congrégations sollicitent l'autorisation.

« En soi le premier moyen serait peut-être le meilleur, tous les Ordres religieux opposant le *non possumus* à des prétentions tyranniques, obligeant un pouvoir impie à reculer ou à frapper l'un de ces coups qui tuent ceux qui les donnent. Mais cet excellent moyen ne sera pas employé, et il ne peut pas l'être. Nombre de familles religieuses sont autorisées, nombre de familles religieuses demanderont l'autorisation. On le conçoit : les religieux non autorisés sont condamnés à mort, les religieux autorisés sont laissés à la vie, à une vie difficile, mais qui est encore la vie. S'il y a honte, que de tout son poids elle retombe sur ceux qui imposent ces mesures odieuses, mais non pas sur ceux qui les subissent. Le gouvernement lui-même, désireux de ne point pousser les choses à l'extrême, a fait les premières avances. Il se met en frais, il trouve des précédents, il se prouve à lui-même que l'autorisation est accordée déjà, qu'elle ne sera plus qu'une simple formalité d'enregistrement. Sans se tromper sur la bienveillance plus que douteuse qui les inspire, un supérieur religieux repousse difficilement ces avances. L'ogre se réserve évidemment de le manger plus tard, mais il ne le mange pas tout de suite. Ces retards laissent quelque place à l'espérance. Les hommes ne font pas tout ce qu'ils projettent de faire, les ogres non plus. Seul, on refuserait de tels présents... père de famille, on hésite, on accepte afin de ne pas compromettre l'existence de la communauté et la vie des œuvres. Pouquoi ne pas se prêter à un accommodement que la Sacrée Congrégation des Rites nous indique par ses instructions datées du 10 juillet :

« Pour éviter des conséquences très graves et empêcher en France l'extinction des Congrégations qui font un si grand bien à la société religieuse et à la société civile (le Saint-Père) permet que les institutions non reconnues demandent l'autorisation.

« J'ajoute une considération qui me frappe beaucoup. Refuser cette reconnaissance, c'est ouvrir l'ère de la persécution violente, nos maisons seront fermées, nos biens confisqués, les religieux traqués et emprisonnés; la demander, au contraire, c'est mettre le ministère dans une position fausse et ridicule. Le profit en sera pour nous. En effet, on ne peut pas ne pas nous accorder cette autorisation. A moins qu'on ne se proclame ouvertement persécuteur, je ne vois nul moyen de la refuser, serait-ce à des Jésuites ou à des Assomptionnistes.

« Quel motif invoquer pour ne pas reconnaître chez eux ce que l'on se montre disposé à reconnaître chez d'autres? Les vœux? mais il n'est pas de famille religieuse où ils ne soient prononcés. Même ceux qui ne savent rien des choses ecclésiastiques savent toutefois que ces trois vœux tiennent à l'essence des instituts. Sans les vœux nous avons des communautés pieuses très honorables, très honorées, mais non pas un Ordre, une Congrégation. L'obéissance à un supérieur étranger? mais le même reproche s'adresse d'abord à presque tous les grands Ordres religieux et ensuite à tous les catholiques. Malgré son amour et peut-être sa prédilection pour la France, Léon XIII n'est pas Français. Est-ce que sa qualité d'Italien amoindrit le devoir de notre docilité ? Les Espagnols ou les Allemands ne sont-ils catholiques qu'à la condition qu'ils auront un Pape de leur nation ?... Les travaux de certains religieux ? mais ce sont les travaux de tous les religieux et de tous les prêtres. Interdire prédications, confessions, éducation, missions en France ou à l'étranger, c'est interdire l'exercice du culte catholique, et nos ministres jurent leurs grands dieux qu'ils sont tout à fait incapables de concevoir cette pensée... pour le moment. Donc, tous les religieux qui demanderont l'autorisation devront recevoir l'autorisation.

« Je ne me retiens pas de sourire en songeant à cette conclusion des hostilités. Le gouvernement organisant la vaste campagne que vous savez, suspendant la vie nationale, retenant toute l'attention du Parlement, oubliant toutes les questions qui intéressent la fortune, la grandeur et la sécurité du pays, dénonçant les Congrégations religieuses, leurs personnes, leur richesse, leur action à l'indignation des citoyens honnêtes... et finissant par les déclarer d'utilité publique... même les Jésuites. Voyez-vous ce résultat ? C'est le seul possible, encore une fois, à moins que le gouvernement, à bout de raisons et de prétextes, ne dise : — Je vous chasse, parce que religieux... Et il sera bien prouvé, alors, devant le pays, que nous sommes des victimes, non des rebelles.

« *Donnant, donnant,* n'est-ce point, mon Révérend Père ? Je vous ai donné nos pensées, vous me donnerez les vôtres et nous resterons ce que nous sommes, très affectueusement unis *in Domino.* »

SECONDE LETTRE

« Mon Révérend Père,

« Je vous répondrai volontiers, puisque volontiers aussi vous permettez à des raisons de combattre des raisons, vous le demandez même et je n'entre dans ce conflit d'opinions ou plutôt dans cet exposé des motifs qui inspirent notre conduite que par une juste déférence pour votre désir.

« Notre résolution vous est connue, les journaux en ont informé le public. Nos supérieurs ont acheté et aménagé un immeuble en Angleterre, nous quitterons prochainement la France. Je n'ai donc qu'à apporter les arguments invoqués en faveur de cette solution. La prière et la réflexion n'ont pas manqué non plus à nos conseils. J'ai donc lieu d'espérer que nous sommes entrés dans le bon chemin. Cela ne veut pas dire que d'autres aient pris le mauvais. *Des situations diverses amènent diverses déterminations.* On transplante un arbuste et non pas un chêne. Parmi les familles religieuses il en est qui par leurs racines mêmes, par leurs œuvres tiennent aux profondeurs du sol, elles ne s'en arracheraient pas sans périr. Force est donc pour elles d'opter entre l'autorisation et la mort. Elles choisissent de ne pas mourir. Notre cas n'est pas le même. L'émigration ne nous sera pas meurtrière et je vous dirai tout de suite pourquoi nous avons préféré l'exil.

« Mon premier argument emprunte sa vigueur à l'autorité du Souverain Pontife. Oui, ce même Pape, ces mêmes paroles qui d'après vous, mon Révérend Père, permettent de solliciter la permission, d'après moi ne le permettent pas.

« A ce propos et avant d'aller plus loin, permettez-moi d'exprimer un regret. Quel besoin nous pressait les uns comme les autres, d'en appeler à Rome et de prier publiquement le Souverain Pontife de descendre dans la querelle ? Nous ne pouvions douter de l'attention que Léon XIII accordait aux choses religieuses de notre pays. S'il ne parlait pas plus clairement, c'est que, appréciateur souverain de l'opportunité de sa parole, de la clarté de sa parole, il ne jugeait pas le moment venu de faire la pleine et éblouissante lumière. Il y a des heures pour le jour, d'autres pour la nuit, pourquoi pas pour le crépuscule ! L'Évangile aussi ne donne pas la même sonorité à toutes ses paroles ; il en est qui sont murmurées à l'oreille, il en est qui sont jetées aux quatre vents du ciel.

« J'estime que notre discrétion n'est pas suffisante lorsque nous prions si vivement le Père de la grande famille de nous faire connaître sa pensée même par la voix de la Presse. Les mêmes paroles iront aux fidèles et aux infidèles et ceux-ci s'en serviront contre ceux-là.

« Le Chef de l'Église ne l'ignore pas. De plus sa liberté n'était pas entière. Oui, sans éveiller la susceptibilité des chancelleries, il pouvait dire aux Congrégations purement et simplement : Demandez l'autorisation : Cela il ne l'a pas dit. Jugez-vous, mon Révérend Père, que sans gêner les relations diplomatiques utiles ou nécessaires au gouvernement de l'Église, sans les briser peut-être, il lui fût aussi facile de dire : Ne vous soumettez-pas, ne sollicitez pas l'autorisation, ne tombez pas dans le piège que les légistes vous ont tendu. Non, certes, le Pape ne pouvait point parler ainsi. Alors où est la pleine liberté de son langage et de ses conseils ?

« Vous citez exactement, mon Révérend Père, les paroles qui permettent de demander l'autorisation, mais vous avez omis de citer les paroles qui suivent immédiatement et restreignent cette permission. Deux conditions, deux réserves, sont stipulées :

« 1° *Que l'on présente, dit la Sacrée Congrégation, non pas les anciennes règles et constitutions déjà approuvées par le Saint-Siège, mais seulement une rédaction de statuts qui réponde aux divers points de l'article 3 du règlement.*

« 2° *Que dans ces statuts que l'on présentera, il soit promis seulement à l'Ordinaire du lieu cette soumission qui est conforme au caractère de chaque institut.*

« Ces réserves, ces conditions sont de telle nature, à nos yeux, qu'elles ne permettent plus aux grands Ordres religieux de solliciter l'autorisation, celle du moins que le gouvernement paraît prétendre leur imposer. D'ailleurs, sur ce point, nous sommes d'accord ; vous pensez et vous dites comme moi que déférer là-dessus aux désirs ou plutôt aux ordres du pouvoir, ce serait marcher au schisme. Descendues dans la pratique, les doctrines de M. Waldeck-Rousseau, en isolant les grands Ordres religieux, n'iraient à rien moins qu'à constituer un clergé national. Les choses parlent d'elles-mêmes. Supprimer les immunités religieuses, ne voir dans l'Église que l'autorité épiscopale, rien au-dessus, pas même le Pape, soumettre les évêques au bon plaisir des ministres du culte et de leurs délégués, organiser une Église de France non point disciplinée, mais domestiquée, arriver au schisme par la servitude, tel est le rêve que les césariens, les régaliens, les gallicans, les protestants ont toujours caressé et auquel les hommes du jour voudraient donner un corps. Léon XIII ne s'est point prêté à ces calculs ; il a dit le mot qui les déjoue.

« L'heure est venue, me semble-t-il, pour les ordres religieux de se mettre à la suite du Pape et de se renfermer dans une résistance qui est certainement permise si elle n'est pas commandée. On a dit quelquefois qu'on allait très loin, trop loin peut-être dans la voie des concessions et des sacrifices inutiles. La Franc-maçonnerie a rencontré dans l'accomplissement de son programme une docilité dont elle-même a été surprise. Elle est certaine de laïciser, quand elle voudra, la dernière école, le dernier hôpital ; ses destructions continuent ; tous le savent et ils savent aussi qu'elles ne s'arrêteront pas.

Cette guerre impie qui a fait tant de ruines, qui a préparé de si grands malheurs, par une exception peut-être unique dans l'histoire des persécutions, n'a pas ouvert une seule prison, ou élevé un seul échafaud. Pas un prisonnier, pas un martyr. On dit que les temps ne sont pas à l'effusion du sang, c'est pourquoi peut-être ils se prêtent si facilement à l'oppression de la liberté.

« Le courage a moins manqué que la lumière. Beaucoup voulaient résister et ne savaient comment engager la lutte. Certains scrupules arrêtent parfois les meilleurs et les plus hardis. Nous sommes plus heureux. Nous ne lésons aucun droit, nous les défendons tous, en refusant de livrer les immunités de la vie religieuse et une exception que le Souverain Pontife nous accorde moins pour nous que pour lui et le gouvernement de son Église. *Potius mori*. Après tout, ceux-là seuls sont dignes de la vie qui consentent à la perdre. Je ne sais si la persécution prendra jamais cet aspect violent. Plusieurs ne le regretteraient pas. Masquée elle fait un plus grand mal.

« Vous invoquez en votre faveur l'opinion publique. Je ne sais, mon Révérend Père, si cette opinion s'est jamais prononcée avec cette netteté que vous reconnaissez à sa voix. Vous croyez qu'elle attend la soumission, je crois qu'elle espère la résistance. Les exemples de patience lui furent prodigués, elle en recevrait volontiers de plus belliqueux, ils l'impressionneront d'autant plus qu'ils lui viendront de ces moines et de ces religieux dont elle n'a pas toujours ignoré le dévouement.

« Si après des années et peut-être des siècles de bienfaits, elle voit s'éloigner du sol de la patrie les Bénédictins, les Chartreux, les Carmes... étrangers aux calculs de la politique ; des femmes héroïques comme les Carmélites et les Clarisses, les mensonges officieux ne lui donneront pas le change ; elle ne jugera pas les religieux révoltés contre les lois, elle jugera les lois en révolte contre la justice.

« Vous me dites que les légistes sont avec vous. Vous me permettrez de ne pas vous en féliciter et de ne pas m'incliner devant leurs conseils. Ils ne sont pas compétents ici.

« La question est principalement d'ordre théologique. Or, les légistes n'empruntent pas à la grande théologie ses fidèles lumières.

« Vous craignez encore une scission entre les familles religieuses. Vous ne voyez d'unanimité possible que dans la demande en autorisation. Croyez-vous, d'abord, que cette unanimité soit absolument désirable et nécessaire ?

Le Pape, qui pourrait la faire d'un mot, ne la fait pas. Dieu et l'Église ont une longue habitude de respecter cette diversité d'opinions indispensable à la nature humaine. L'uniformité coûterait trop à la liberté. Je vois bien un avantage, il est vrai, dans l'unanimité de la résistance, je pense qu'elle nous assurerait la victoire ; je ne vois pas ce même avantage dans l'unanimité de la soumission, je pense au contraire qu'elle précipiterait et aggraverait la défaite. Il est bon que plusieurs, plus libres peut-être dans leur allure, en ne se soumettant pas, opposent, pour le profit de tous, une prescription à des mesures tyranniques. Au moins ils réservent l'avenir. Plus tard, lorsque l'œuvre réparatrice se fera, la loi d'iniquité ne sera point tranquillement assise dans notre législation.

« Enfin, mon Révérend Père, vous êtes convaincu que notre demande faite par tous mettrait le gouvernement en singulière et ridicule posture, comme ils disent. A l'avance vous souriez de son embarras et de sa grimace, vous le jugez incapable de distinguer entre les familles religieuses, d'approuver chez les unes ce qu'il condamne chez les autres. Que vous auriez raison avec des hommes sincères et logiques ! Mais nos gens ne sont pas à une inconséquence près ; il leur en coûte vraiment trop peu de se déjuger, de se contredire, et leur servile majorité sera là pour leur dire qu'ils ont raison contre la raison. Solliciter l'autorisation, c'est, pour nous, donner à nos ennemis la joie d'un refus savoureux. Nous ne sommes pas obligés à pousser si loin la délicatesse de la charité chrétienne.

« Vous dites encore qu'il n'y a pas de déshonneur à subir des mesures vexatoires ; la honte en est tout entière pour celui qui les impose. J'en suis pleinement d'accord avec Votre Révérence. Toutefois ne jugerez-vous pas aussi que le pouvoir exige de nous une démarche qui blesse notre dignité, qui inquiète notre honneur ? Cette reconnaissance accordée aux religieux ne crée point à leur profit une situation privilégiée, elle les prive au contraire des droits communs à tous les citoyens. Le gouvernement semble dire et il dit que la profession religieuse est infâme à ses yeux, que les personnes qui s'y engagent, suspectes par le fait même, seront soumises à la surveillance de ses policiers. Elles ne tiendront leur existence que d'une permission toujours révocable et cette révocation n'a pas même besoin d'un motif pour se justifier. A toute heure du jour ou de la nuit, il sera loisible aux agents du pouvoir de violer un domicile que la charité, que la prière, que le sacrifice consacre au regard de Dieu et des hommes. Par la seule vertu d'un mandat qu'un sectaire aura délivré, des fonctionnaires affiliés aux loges ou serviteurs de ses volontés, des goujats choisis par une préfecture ou une sous-préfecture, des ennemis déclarés ou cachés auront le droit de fouiller dans les archives, de numéroter le personnel, de livrer les secrets et les papiers de la famille religieuse, de trahir les conseils de son gouvernement, de publier ses dépenses ou ses dettes, d'établir sa fortune. Et ces recherches ignominieuses seraient permises et de droit chez les religieux, parce que religieux !

« Par *l'autorisation* qu'il prétend nous imposer le gouvernement *s'autorise* lui-même à violer nos dernières libertés et les premières convenances. Il ose assimiler nos demeures à... je m'arrête, n'osant écrire le mot qui se présente à votre pensée comme à la mienne.

« Et nous invoquerions le bénéfice d'une loi semblable ! Non point, elle se passera de notre consentement, de notre acquiescement. Par ce côté du moins elle restera caduque et infirme. Notre résistance passive n'aura pas été sans utilité pour le pays si elle brise entre des mains hostiles un instrument d'oppression.

« J'ai fini, mon Révérend Père. Il nous reste à prier Dieu : vous pour moi, moi pour vous, afin qu'il bénisse des résolutions contraires dans leurs effets et unes dans leur principe puisqu'elles sont également inspirées par le souci d'accomplir sa volonté.

« Z. »

Les choses en sont là, monsieur Waldeck. Que pensez-vous de ces deux solutions ? J'estime qu'elles sont toutes deux mauvaises, mais nous n'avons le choix que dans le pire. La première ne condamne pas à la mort immédiate ou instantanée, c'est un avantage ; la seconde vous déplaît, c'est un autre avantage qui peut-être même surpasse le premier. L'une et l'autre ouvrent l'ère des conflits et des procès ; l'une et l'autre resserrent votre alliance avec les ennemis de l'ordre et du pays ; l'une et l'autre, grâce à vous, avanceront l'œuvre du mal non seulement en France mais en Europe et dans le monde entier. Déjà le sultan vous l'annonce avec un sourire d'une singulière ironie. Que lui répondrez-vous ? et que répondrez-vous aux mandarins chinois s'ils vous proposent de prendre exemple sur vous et de traiter leurs missionnaires comme vous traitez vos religieux ?

SERVITEUR.

LETTRE VIIIme

Où l'auteur voit M. Waldeck-Rousseau promettre une sincérité absolue et s'enfoncer dans un abîme de contradictions. — D'une part il aime quelques familles religieuses soigneusement triées, d'autre part il les déteste toutes. — Elles sont toutes « la maladie de l'Eglise », par la profession de la pauvreté, de la chasteté et de l'obéissance, vertus contraires à notre droit public. — M. le Président du Conseil signale les erreurs de Léon XIII sur ce point de la doctrine catholique.

L..., le 5 septembre.

Monsieur,

Je suis consterné !

J'ai entrepris de relire les discours que vous avez prononcés au Parlement à propos de la loi contre les associations. Je vous ferai part des remarques que cette lecture instructive m'a suggérées. La vérité des choses est assez dure, par elle-même, j'éviterai de donner à ma parole une note aiguë.

Au début de ces discussions solennelles sur la loi des associations, vous vous êtes plaint de rencontrer des insinuations perfides. « Cette perfidie de fables trop ingénieuses, disiez-vous, en marque suffisamment la source et l'origine. » A ces paroles l'extrême-gauche et une partie de la gauche, flairant le Jésuite, ne se tenaient pas d'aise et les applaudissements se mêlaient aux rires approbateurs. « Oui, disait un M. Simyan, que je ne connais que par cette interruption, les Jésuites ont mis leur morale en action. » Vous aviez certainement tort de chercher à faire un peu d'esprit à nos dépens — oh ! très peu — la plaisanterie est toujours lourde dans la bouche de Jupiter et elle messied à un juge, mais vous aviez raison de nous promettre ainsi une entière franchise. Il n'y aurait point de subterfuges, de restrictions mentales, de propos mensongers, d'équivoques ou de contradictions : rien que la candeur d'une belle âme qui se laisse voir jusqu'à ses dernières profondeurs, ainsi qu'une eau limpide ou un ciel d'azur.

Avez-vous été bien fidèle à vos promesses ? Votre bouche n'a-t-elle jamais prononcé le oui et le non, soufflé le chaud et le froid ? Je ne le pense pas et, immédiatement, je vous dirai pourquoi sans la moindre restriction mentale.

D'un côté, dites-vous, vous aimez les religieux ; d'un autre côté, vous ne les aimez pas. Tels sont vos sentiments divers. Où sont les vrais ?

Il y a des paroles d'amour : « Je ne conteste pas, disiez-vous, que la soif du sacrifice dont nous a parlé M. de Mun, un besoin de conquête morale, le tourment de communiquer à d'autres ce que l'on considère être la vérité, ne fassent surgir des apôtres, des missionnaires prêts à tous les sacrifices. » Déjà vous aviez dit : « Qu'il y ait des congrégations qu'anime le zèle le plus sincère et le plus désintéressé, que la combinaison de la foi et de la pitié qui s'éveille au cœur de la femme sache susciter des dévouements admirables, nul ne le conteste... »

A vrai dire, monsieur, je n'aime ni vos louanges ni vos critiques ; à celles-ci je préfère peut-être celles-là, j'ai le malheur de ne goûterni la pensée qui inspire vos éloges ni l'expression que vous leur donnez, mais enfin dans une certaine mesure vous prenez ici la défense des Congrégations, tout au moins de certaines Congrégations. Vous avez soin de les rassurer. Elles n'ont rien à craindre, dites-vous : « Ni l'intérêt ni le péril de ce débat ne les menacent ; ils passent bien au-dessus de leurs têtes. » Ailleurs vous affirmez qu'il y aura toujours des familles religieuses vouées à l'apostolat et à la charité. Vous vous scandalisez à la seule idée qu'un jour des Chambres françaises seraient assez insensibles au dévouement pour refuser leur approbation à des Congrégations formées sur le modèle des Filles de la Charité. Vous jurez vos grands dieux — ceux que vous honorez dans le secret de votre cœur — que ce jour ne se lèvera pas sur le ciel de la patrie.

Malheureusement il y a d'autres paroles, il y a d'autres doctrines. Entre les premières et les secondes tout le monde constatera cette différence. Les paroles de louange ne vont qu'à quelques-uns. Vous prenez toujours grand soin de nous exclure de vos compliments, et je vous en ai, monsieur, une certaine reconnaissance. C'est toujours avec plaisir que je retrouve vos *départs*. Je crois vous entendre : Ah ! messieurs, à côté des Congrégations qui se dévouent, il y a les Congrégations qui intriguent, si les unes sont mues par la charité, les autres n'obéissent qu'à l'ambition... Le gouvernement qui se déshonorerait en refusant d'approuver les premières se perdrait en approuvant les secondes si différentes des premières... Ces affirmations et ces distributions répandues çà et là dans tous vos discours, en composeraient quelques pages, si l'on prenait soin de les rassembler. Ce ne seraient ni les meilleures ni les pires ; elles se tiennent dans votre moyenne de beauté et de sincérité. Laissons cette querelle.

Tout le monde a compris que vous n'aimez pas également toutes les Congrégations. Votre grand cœur, si grand qu'il soit, n'est pas assez grand, mais voici que par un prodige inouï vous les détestez toutes également. Mon affirmation est audacieuse ; j'ai pour la justifier vos paroles et vos doctrines.

Les paroles sont bien à vous, puisque vous les faites vôtres. Assez souvent toutefois vous les empruntez. Vous empruntez une perle à M. Victor Hugo et un pavé à M. Dupin.

Voici la perle : « Je ne vous confonds pas, vous, parti clérical... » — Je pense, monsieur, que tous les clercs réguliers ou séculiers appartiennent de droit au parti clérical. Je reprends ma citation : « Je ne vous confonds pas, vous, parti clérical, avec l'Église, pas plus que je ne confonds le gui avec le chêne ; vous êtes les parasites de l'Église, la maladie de l'Église. »

Comment avez-vous pu, monsieur, tirer cette perle de son écrin et *dans un langage imagé jusqu'à l'emportement* appeler *maladie de l'Église* des religieux et des religieuses admirables d'héroïsme, tous les religieux, toutes les religieuses !

Après la perle, le pavé. M. Dupin disait donc en 1845 à propos des Congrégations : « Je soutiens avant tout qu'il ne s'agit pas d'une question religieuse. Le dogme, le culte, la foi ne sont pas impliqués dans le débat. Si la question religieuse pouvait être compromise, elle ne le serait que par des hommes imprudents qui, par leurs entreprises téméraires, sont venus alarmer l'opinion publique. Le clergé... mais c'est pour lui que nous combattons, en cherchant à l'isoler... »

Pour le dire en passant, quels beaux modèles de franchise vous donnez aux Jésuites et à tout le public ! Que vous avez raison de remettre les choses au point ! Le clergé et l'Église n'ont rien du tout à redouter du ministère, de la franc-maçonnerie, de la juiverie, de la gauche et de l'extrême-gauche. Ces braves gens n'ont jamais songé à supprimer les traitements ecclésiastiques, à fermer les écoles catholiques, à gêner les manifestations publiques de la foi, à répandre des feuilles impies et pornographiques. Toute leur étude n'est que de lire les encycliques et tout leur désir d'augmenter en France la vie religieuse. Le seul péril est dans l'existence de la Congrégation, « ce parasite de l'Église ».

J'en viens à votre doctrine. Elle est bien à vous, à vous seul. Je vous réponds d'abord que nul parmi nous ne songe à la revendiquer. Vous, au contraire, monsieur, vous mettez une

certaine coquetterie, en vous citant, à établir
que sur ce point de théologie vous n'avez
jamais varié. En 1882 comme en 1901, vous
avez donc reconnu aux citoyens français le
droit d'aspirer à la vie religieuse, bien entendu
dans les Congrégations autorisées, mais sous
la réserve qu'ils n'y prononceraient pas les
vœux de pauvreté, de chasteté, d'obéissance,
qu'ils ne seraient pas soumis à l'autorité d'un
supérieur, qu'ils ne contracteraient aucun
engagement perpétuel, que même ils seraient
libres de briser un engagement provisoire, de
reprendre les biens qu'ils auraient versés au
trésor de la communauté !... On ne serait pas
moins libéral en donnant la vie à un homme,
mais à condition qu'il soit sans pieds, sans
mains, sans tête.

Je ne vous prête rien, monsieur, je vous cite.
Vous dites d'abord : « L'objet du contrat de
congrégation, ce sont les vœux, et les vœux
sont proscrits par le droit moderne. » Vous
rappelez l'article 1780 du Code civil qui pro-
hibe les engagements perpétuels. Vous ajoutez : « Notre droit public, celui de tous les
États proscrit tout ce qui constituerait une
abdication des droits de l'individu, une renonciation à l'exercice des facultés naturelles de
tous les citoyens : droit de se marier, d'ache-

ter, de vendre, de faire le commerce, d'exercer une profession, de posséder, en un mot, de tout ce qui ressemblerait à une servitude temporelle.

« L'association qui reposerait sur une renonciation de cette nature, loin de tourner au profit de chacun de ses membres, tendrait directement à le diminuer, même à l'anéantir. L'engagement perpétuel qu'elle suppose est interdit par les principes généraux du droit. Or, tel est le vice de la congrégation ; elle n'est pas une association formée pour développer l'individu, elle le supprime ; il n'en profite pas, il s'y absorbe... »

Mais, monsieur, si tels sont les principes constitutifs de toutes les Congrégations, si, comme vous dites, tel est leur *vice* essentiel à toutes, pourquoi accepter les unes, rejeter les autres ? Je crois une réponse impossible.

Tout congréganiste fait le vœu de pauvreté, et vous ne voulez pour personne du vœu de pauvreté. Vous n'en voulez pas puisque vous soutenez qu'on ne peut aliéner le droit d'acquérir, le droit de posséder, le droit de vendre, le droit de faire le commerce. Tout au plus pourrait-on renoncer à faire tel ou tel commerce dans telle ou telle ville. — « Mais, dites-vous, on ne peut renoncer d'une façon générale à faire le commerce. »

Tout congréganiste fait le vœu de chasteté, et vous ne voulez pour personne du vœu de chasteté. Sur ce point vous êtes plus rigoureux. « On ne peut aliéner le droit de se marier — et ici l'interdiction pourrait être considérée comme plus absolue, car je ne sais même pas s'il est permis de prendre l'engagement de ne pas épouser une personne déterminée, — mais quant à l'engagement de ne pas contracter de mariage, il n'en est pas de plus nul au point de vue de l'ordre public. »

Tout congréganiste fait le vœu d'obéissance, et vous ne voulez pour personne du vœu d'obéissance. Si c'est possible, vous en voulez encore moins que du vœu de pauvreté et du vœu de chasteté. — « Par le vœu d'obéissance on fait une chose, dites-vous, qui me paraît précisément la négation de la personnalité humaine, on fait donation de soi-même à Dieu dans la personne d'un homme... »

Votre parole est ordinairement lucide ; elle ne manque pas ici à sa clarté habituelle, néanmoins j'ai été obligé de vous relire plusieurs fois. Vous parliez et je n'entendais pas, ou vos paroles entraient bien dans mes oreilles, mais je n'en croyais pas mes oreilles. Il fallut bien me rendre à l'évidence. Comment, une telle doctrine est bien celle du président du Conseil des ministres, celle du pays officiel, d'un pays qui est encore catholique ! Les vœux ne sont pas reconnus en France, ils sont prohibés ! Au moment d'organiser la vie religieuse, de l'asseoir sur les bases légales et constitutionnelles, le gouvernement, par la bouche de son représentant le plus élevé, déclare illicite la pauvreté, illicite la chasteté, illicite l'obéissance !

Alors quelles sont les Congrégations que le gouvernement se réserve d'approuver ?

On ne va jamais loin dans le faux sans tomber dans le ridicule. Voici donc la seule *profession solennelle* qui sera permise dans les Congrégations autorisées :

Moi..., en présence du Dieu tout-puissant, fais vœu, au T. R. P. général ou à son délégué et à ses successeurs, de pauvreté, de chasteté et d'obéissance, mais suivant le sens précis, et limité donné à ces mots par M. Waldeck-Rousseau.

Par le vœu de pauvreté, je m'engage uniquement à ne pas faire le commerce de poules et de poulets dans la ville de Quimper-Corentin.

Par le vœu de chasteté, je m'engage — si du moins je ne donne pas à cet engagement des limites trop étendues — à ne pas épouser en

légitime mariage Mme Li-Hung-Chang quand
elle sera veuve de son mari.

Par le vœu d'obéissance, je déclare formelle-
ment ne relever que de ma conscience et de
Dieu...

Un jour, monsieur, vous vous êtes écrié :
— Que reste-t-il de l'être humain, quand il a
sacrifié la richesse, la liberté, la famille et le
droit de se survivre ? M. l'abbé Gayraud vous
a répondu magnifiquement : — Il reste la petite
sœur des pauvres, le missionnaire et le martyr... A mon tour, je puis vous demander :
— Que laissez-vous au religieux quand vous lui
avez pris sa chère pauvreté, sa chère chasteté
et sa chère obéissance ? Après ces premières
remarques, pensez-vous, monsieur, que la
franchise, l'entière franchise soit votre apanage
et qu'il n'en reste même pas une seule parcelle
aux Jésuites ?

Si j'ai quelques doutes sur votre sincérité, je
n'en ai point sur votre incompétence. Peut-être
est-ce une excuse ; je l'invoque en votre faveur
auprès de mon Maître en répétant son adorable
parole : Vous ne savez pas ce que vous faites.
Vous ignorez la place des religieux dans
l'Église et la grandeur même de leur vocation.
C'est beaucoup ignorer, monsieur, pour un
homme appelé à diriger sur les associations

religieuses ces débats dont vous avez reconnu plus d'une fois la majestueuse ampleur. Il suffira pour vous en convaincre d'un parallèle entre Léon XIII et vous. Ce rapprochement n'est point pour vous blesser.

M. WALDECK-ROUSSEAU	LÉON XIII
...Vous le savez bien, quoique vous fassiez pour le taire, le clergé catholique n'a rien à redouter du projet de loi actuel ; il n'atteint que les Congrégations.	Frapper les Ordres religieux ce serait priver l'Eglise... d'abord à l'intérieur où ils sont les auxiliaires nécessaires de l'épiscopat et du clergé... puis à l'extérieur où les intérêts généraux de l'apostolat et sa principale force dans toutes les parties du monde sont représentés particulièrement par les Congrégations françaises.

M. WALDECK	LÉON XIII
Ah ! si imitant une parole célèbre, j'allais demander au clergé séculier : « Vous sentez-vous menacé par cette loi ? » Certes il est un grand nombre de ses membres qui enveloppés dans la trame monastique, préparés comme ils l'ont été trop longtemps dans les séminaires par les représentants des Ordres religieux, me répondraient qu'ils ne se sentent pas menacés ; mais soyez sûr, messieurs, qu'il en est un grand nombre aussi qui laisseraient	Nous n'ignorons pas que pour colorer ces rigueurs, il en est qui vont répétant que les Congrégations religieuses empiètent sur la juridiction des évêques et lèsent les droits du clergé séculier. Cette assertion ne peut se soutenir. Quant à représenter l'épiscopat et le clergé français comme disposés à accueillir favorablement l'ostracisme dont on voudrait frapper les Congrégations religieuses, c'est une injure que les évêques et les pré-

| échapper le secret de ce qu'ils pensent et de ce qu'ils souffrent, et qui viendraient dire de quel poids, dans certaines paroisses et dans certaines communes, pèse sur eux la domination du régulier. | tres ne peuvent que repousser de toute l'énergie de leur âme sacerdotale... L'œuvre qui s'impose en ce moment aux évêques français, c'est de travailler à éclairer les esprits pour sauver les droits des Congrégations religieuses que Nous aimons de tout notre cœur paternel. |

M. WALDECK	Léon XIII
Je me place maintenant sur un terrain où m'appellent certaines déclarations bien imprudentes. J'ai entendu dire que les Congrégations et le catholicisme ne faisaient qu'un ; que les unes étaient absolument nécessaires au fonctionnement des autres, et qu'on ne saurait imaginer le catholicisme se développant suivant ses règles, sans le secours nécessaire des Congrégations.	Les Ordres religieux tirent leur origine des conseils évangéliques . Nés sous l'action de l'Eglise, ils forment une portion choisie du troupeau de Jésus-Christ. Partout où l'Eglise s'est trouvée en possession de sa liberté, partout aussi les Ordres religieux ont surgi comme une production spontanée du sol catholique. ... La sainte Eglise gémit (de ces attaques) parce qu'elle se sent blessée au vif dans ses droits et sérieusement entravée dans son action qui, pour se déployer librement, a besoin du concours des deux clergés, séculier et régulier.

Très facilement, monsieur, nous prolongerions ce parallèle, mais il est probable qu'il vous suffit. Comment donc avez-vous ignoré de telles paroles absolument capitales dans le débat que vous avez ouvert ? Eh quoi ! en cette discussion sur le rôle des Congrégations religieuses vis-à-vis de l'Église, vous n'avez même pas connu la pensée, pourtant si manifeste, du Chef de l'Église et ces documents qui ont passé sous les yeux de tout le monde n'ont point passé sous vos yeux ! Il y aurait bien une autre hypothèse, mais je ne la juge guère recevable. Vous n'avez connu la doctrine catholique que pour la mépriser. Vous avez jugé que le Pape n'était point compétent et vous avez passé outre, estimant qu'à vous seul appartient de statuer sur les Congrégations religieuses. S'il en est ainsi, avouez qu'il est assez audacieux de dénoncer l'ingérence cléricale et les usurpations de la société ecclésiastique sur la société civile.

Votre opinion est d'autant plus téméraire que vous nous connaissez bien peu et que vous nous connaissez bien mal. Et cependant, même à l'homme d'État, au président du Conseil, l'intelligence de ce que nous sommes serait singulièrement avantageuse. Mgr Pie vous en prévient : « Nous répétons bien haut qu'on n'a pas même la doctrine de l'histoire si l'on ne sait apprécier ce qu'est l'état monastique dans le christianisme et l'ordre régulier dans la constitution de l'Église. Ces grands évêques « qui faisaient la France « comme les abeilles la ruche » pour la plupart sortaient du cloître ou ils y rentraient.

Nos jugements sur la vie religieuse partent de maximes contraires. Pour vous d'abord, moins l'homme se renonce, plus il est grand, mais pour l'Évangile et pour le religieux, la grandeur n'est que dans le renoncement :

> Plus il s'abaisse, et plus il est grand.

Ce n'est pas votre manière de comprendre les choses, mais c'est la manière de Jésus-Christ et par conséquent celle de son Église. Elle n'a point de fils plus illustres que ces Benoît, ces Bruno, ces François, ces Dominique, ces Bernard, ces Ignace que vous jugez amoindris dans leur intelligence, dans leur caractère et dans leur œuvre parce que leur vie a été la traduction d'une parole qui raconte l'histoire du Verbe incarné : *Exinanivit*. Lui aussi s'est renoncé ou anéanti. Il est fâcheux que votre code civil le déclare déchu de la dignité humaine.

Je suis encore obligé de vous avertir, monsieur, que vous ne comprenez rien à nos glorieuses inutilités. A vos yeux et aux yeux de vos amis, quand on ne recueille pas un orphelin, quand on ne soigne pas un infirme ou un vieillard, on ne rend aucun service à la *collectivité,* on n'est pas religïeux, on n'a pas le droit d'être religieux. Seraient donc indignes de cette profession les Carmélites qui ne vivent pas dans les hôpitaux, les Chartreux qui s'enferment dans la solitude, les Clarisses, les Visitandines qui chantent les louanges de Dieu, tant d'Ordres voués à la prière, à la pénitence, à la prédication. Ces prétendus « parasites de la société » sont cependant les plus utiles citoyens de la république chrétienne et les meilleurs serviteurs de son âme.

Je m'arrête, monsieur, vous ne comprendrez jamais la beauté de la prière liturgique, la nécessité de la pénitence, le besoin d'une sélection qui réserve à Dieu les aînés de la race humaine, les âmes les plus élevées, les vies les plus pures. Jamais un monastère ne vous paraîtra comme à nos anciens rois le meilleur rempart de nos frontières. C'est pourquoi même en citant exactement Charlemagne et saint Louis, vous falsifiez leur pensée. Vous oubliez de dire que les paroles sévères qui flétrissent des abus et les préviennent sont prononcées dans les conseils où siègent les évêques et les moines. Vous poussez la candeur trop loin en pensant que ces grands hommes approuveraient vos conceptions des choses politiques ou religieuses, que la signature de Karl le Grand et celle de

Louis de France se rencontreraient avec celle de M. Waldeck-Rousseau au bas des mêmes édits proscripteurs. Vous n'êtes pas d'Église, monsieur, laissez-la parler chez elle, et si vous l'attaquez, que ce soit du moins hors de ses murailles.

Agréez, monsieur, l'assurance de mes civilités.

R. P. X...

LETTRE IXme

Où l'auteur, craignant d'avoir fatigué par des objets
trop sérieux l'attention de M. Waldeck-Rousseau, lui
raconte aussi agréablement qu'il le peut la véridique
histoire de M. Hervé de Couëtnon, lequel, après avoir
traversé plusieurs états d'âme et de vie, se trouva
sur le point d'offrir à des sauvages un déplorable repas entièrement servi à ses frais.— Comment il fut tiré
de ce péril et des judicieuses réflexions qu'il fit plus
tard de retour au pays sur l'inconvénient de manger
du curé ou du jésuite.

L...,.8 septembre,

Monsieur,

Que pensez-vous de nos derniers entretiens ?
Vous les jugez sans doute un peu sombres et
vous ne vous trompez pas. Je répondrais trop
facilement que, depuis quelques mois, vous
n'avez pas beaucoup égayé notre vie, que, grâce
à vous, les événements ne se sont pas teintés en
rose ; mais je préfère convenir de ce défaut et
chercher un peu d'agrément à mes discours. Je
réussirai peut-être par le récit d'une historiette.
Vous m'avez donné ce premier exemple imité
des Grecs, et l'anecdote chez vous repose aima-
blement l'esprit de vos auditeurs. Pour ma
part, je préfère vos narrations à vos harangues.

Tant vaut le conteur, tant vaut le conte. Avant de commencer celui-ci, permettez-moi de présenter celui-là.

Mon vénérable ami, le P. R., prédicateur, ainsi qu'il le dit, de la haute canaille et du noble faubourg, sait admirablement conduire un récit. C'est plaisir de l'entendre à certains soirs lorsque son esprit est en fête et donné une fête.

L'œil, pétillant d'une malice innocente, éclaire l'historiette, la réchauffe et l'anime ; la main d'un geste soudain, prudent et charmant, semble prendre le mot et le placer, comme le maçon une pierre en son édifice... Que ne l'entendez-vous lui-même !

L'un de ces derniers soirs où nous étions plutôt soucieux, le P. R. nous conta une histoire empruntée aux souvenirs de sa lointaine adolescence ; il assure que tous les détails en sont véridiques et il est certain que MM. les sénateurs et MM. les députés entendent de vous nombre de choses plus extraordinaires. Cela dit, laissons parler le P. R... Si l'histoire vous paraît invraisemblable, appelons-la une parabole ; sur la fin, nous en soulèverons légèrement le voile.

Au sortir du collège, mon ami Hervé de Couëtnon ne savait que faire de sa jeunesse, de sa fortune, de ses études et de son temps. Pour sortir de ses doutes, il s'enferma dans une thébaïde, se mit en face de son éternité, mangea des racines durant une semaine et causa longuement avec des hommes austères. Ils lui dirent : « Entrez à la Trappe. » A la Trappe se trouvaient alors les Trappistes. Ces bons Pères voyant Hervé rêvasser quelque peu et le soir converser avec les étoiles, lui dirent : « Mon Frère, nous ne vous croyons pas né pour le grand silence cistercien. »

N'étant pas né pour se taire, pas plus que vous, monsieur, Hervé songeait à parler, à bien parler. Il se rendit donc chez les Dominicains. Là il fut essayé comme orateur. Il ne manquait pas de bon sens, d'un certain instinct théologique ; néanmoins, sa harangue parut un peu terne et la façon de traiter le sujet choisi (le salut de l'âme) un peu vieillotte. Les Dominicains lui dirent : « Jeune homme, vous ne connaissez pas l'ossature moderne du discours, votre parole n'a pas assez d'ampleur, elle ne soutiendrait pas les superbes envolées de la doctrine. » Ils voulurent bien ajouter : « Les Jésuites sont de puissants éducateurs ; ils sauront tirer de vous, à leur choix, un orateur, un professeur, un missionnaire ou un savant. Allez chez ces messieurs. »

Le conseil était bon, il fut suivi et le 15 avril 1845, Hervé de Couëtnon sonnait à la porte du noviciat de Saint-Acheul. En ce moment, la situation était fort tendue. Le ministère n'aimait pas les Jésuites. Ce n'est pas vraisemblable, me direz-vous ; je vous répondrai que c'est vrai. Il y avait pléthore d'hommes : des professeurs qui n'avaient pas d'élèves, des écrivains qu'on estimait beaucoup mais qu'on lisait peu... Ces considérations influèrent peut-être sur la réponse des Pères Jésuites. Ils dirent à Hervé : « Mon cher enfant, les circonstances sont bien difficiles pour la vie religieuse en France... Vous n'êtes peut-être appelé qu'au sacrifice d'Abraham. Votre place serait plutôt dans les rangs du clergé séculier. Saint-Sulpice occupe, parmi les séminaires de France, un rang d'honneur... si vous vous présentiez à Saint-Sulpice ? »

Saint-Sulpice, dès les premiers jours, convint à Hervé, mais hélas, dès les premiers jours aussi, Hervé ne convint pas à Saint-Sulpice. Malgré lui, sans s'en douter, il n'en prenait pas les habitudes et le genre. Il lui arrivait de traverser les corridors en courant, à peine vêtu, ayant même oublié son rabat. Les directeurs remarquèrent ces négligences et ils lui dirent : « Monsieur l'abbé, nous ne vous croyons pas destiné à l'Église de France. »

M. l'abbé se demanda s'il n'était point destiné aux églises lointaines et il s'en fut au séminaire des missions étrangères ; son malheur l'y suivit. Les vieux Africains pensaient qu'on pourrait l'employer en Asie ; les Asiatiques étaient d'avis qu'on essayât de l'Afrique. Africains et Asiatiques convinrent que le jeune candidat n'avait pas les qualités requises pour le sacerdoce. « Qu'à cela ne tienne, répondit Hervé, employez-moi comme domestique. Je réussirai toujours à cirer les bottes chez les pieds-nus ou à faire la cuisine chez les mange-tout-cru. D'ailleurs je donnerai de bons gages à mes maîtres. »

Ces propositions raisonnables obtinrent un assentiment immédiat, universel. Hervé de Couëtnon fut embarqué pour une destination restée inconnue en France : l'Océanie ou ses environs. Le vif intérêt que vous prenez à mon récit m'obligerait, monsieur, à n'omettre aucun des incidents qui signalèrent la traversée, mais les lois de la narration que vous connaissez si parfaitement, m'obligent à être court, très court. J'abrège donc, à mon grand regret, et je jette l'ancre avec mon héros et avec l'*Arche d'Alliance* en face d'un rivage inconnu et d'une île, que, par une déplorable erreur, l'on croyait

habitée par une peuplade amie. Les premières
heures se passèrent bien. Les sauvages regar-
daient les blancs avec une satisfaction évidente.
Séduits par ce bon accueil dont ils ne compre-
naient pas la cause, par l'agrément des lieux,
par l'espérance d'une chasse abondante, quelques matelots obtinrent permission de rester
à terre. Hervé était du nombre. Loin de faire
la moindre opposition, les insulaires affirmaient
que le gibier ne manquerait pas. Il en devait
être ainsi, mais non pas de la manière qu'on
l'entendait alors. Au début, les choses allaient
bien ; les nègres en bon nombre conduisaient
leurs hôtes dans les coins qu'ils disaient les
plus giboyeux. Mais à peine l'*Arche d'Alliance*
qui nageait dans les eaux voisines eût-elle disparu à l'horizon, que les noirs, se jetant sur les
blancs, en moins de rien les firent prisonniers.
Deux ou trois parvinrent à s'échapper, naturellement Hervé n'en était pas.

Il y aurait ici un parallèle à établir entre
l'état sauvage et l'état civilisé, je n'en retien-
drai qu'un point. Dans les pays de haute cul-
ture intellectuelle, c'est le gouvernement qui
nourrit le prisonnier ; dans les pays barbares,
c'est le prisonnier qui nourrit le gouvernement.
Hervé et ses compagnons virent tout de suite
qu'ils seraient mis au second régime. Ils étaient

tombés au pouvoir non seulement de sauvages, mais d'anthropophages. Les matelots de l'*Arche d'Alliance*, gros, gras, bien à point, succulents, étaient morceaux de rois. On le leur fit bien voir. Rôtis et servis à point, comblés d'éloges, arrosés d'une eau-de-vie infernale, ils disparurent avec une effrayante rapidité. Hervé, maigre à faire peur! fut laissé à un vague espoir, très vague : jugez de ses transes. Les sauvages en passant lui tâtaient les mains, les côtes ; ils s'éloignaient en hochant la tête. Evidemment les estomacs ou les esprits avaient leurs doutes. Heure fut prise pour les résoudre. Hervé se trouva lié, exposé sous le regard ardent d'un jury expert-connaisseur et l'examen charnel commença. Le passé rassurait peu notre candidat infortuné. Il est vrai que les Cisterciens, les Dominicains, les Jésuites, les Sulpiciens ne l'avaient pas admis dans leur corps, mais les cannibales ne paraissaient pas devoir se montrer si difficiles. L'inspection tournait mal, c'est-à-dire qu'elle lui était favorable. Pour la première fois de sa vie, M. de Couëtnon serait reçu.

Je vous l'avoue, disait l'un des juges, je partage complètement l'opinion générale ; comme rôti le sujet serait déplorable. La preuve est sous vos yeux ou plutôt sous votre dent. A ces

mots, Hervé sentit plutôt qu'il ne vit, car il
était couché ventre à terre, le sabre de l'orateur singulièrement aiguisé (le sabre, pas l'orateur), pénétrer chez lui, traverser sa chair, en
rapporter un morceau, l'offrir à l'auditoire qui
se le passait de main en main, de bouche en
bouche. L'argument victorieux était trouvé,
l'unanimité était faite et l'arrêt se formula dans
un mot : *coriace*. Vous croyez sans doute que
c'était le salut. Pas le moins du monde. L'orateur continuait. Il y a des orateurs, monsieur,
dans les Chambres des sauvages, qui ne se taisent pas volontiers, qui reviennent sur leurs
victimes avec un singulier acharnement. « Oui,
disait celui-ci, coriace comme pièce rôtie, c'est
évident, et il n'y faut pas songer, mais il y a
quelques éléments de ragoût, un espoir de
bouilli ; avec quelques bons soins on aura une
entrée fort convenable. Pour régime, et afin de
hâter la maturation, je conseillerais les fèves,
de bons gros haricots, du maïs concassé, relié
et coaglutiné avec la salive... »

A ces mots le discours s'arrêta et les auditeurs s'enfuirent éperdus. L'*Arche d'Alliance*
avertie par les signaux des fugitifs et revenue
de ses excursions, s'approchait du rivage pour
y reprendre ses matelots ; elle avait tout compris au premier regard et parlait très haut par

la bouche de ses canons. Tout entiers à leurs discussions, les sauvages n'avaient rien vu. C'est parfois le malheur des assemblées parlementaires. On parle, on parle à perte de vue et l'on ne voit ni l'ennemi qui s'approche des frontières, ni les nuages qui se forment sur le ciel du pays.

. . . .

Longues années après ces événements, Hervé de Couëtnon, marié, père de famille, fabricien de la paroisse, conseiller de la commune, très bien assis dans l'existence — je parle de son assiette morale — aimait à revenir sur cette époque de sa vie apostolique ; il le faisait sans aigreur, avec une pleine impartialité, en rendant justice au bon sens des sauvages. « Au moins, disait-il, avant de manger du curé ou du Jésuite, ces êtres-là se demandaient si le curé ou le Jésuite est bon à manger. Nos cannibales d'ici n'ont même pas cette vulgaire prudence de l'estomac ; ils en mangent d'abord, sauf à en crever. »

C'est la morale et le profit de mon histoire, ou, comme je vous l'ai promis, la parabole qui soulève ses voiles.

Je vous en prie, monsieur le ministre, ne nous mangez pas, même à la sauce Robert, comme l'ogre voulait manger le petit Poucèt et ses frères, ou du moins, avant de nous manger, demandez-vous si nous sommes bons à manger.

Avant d'être mangé, le Jésuite est bon. Je vous l'assure, monsieur, et ne puis dire le contraire. Il est actif, il est honnête, il agit, il fait agir, il construit, il restaure, il démolit tout au moins, il est sage dans ses propos, ne se fait d'affaires avec personne ; c'est un contribuable excellent, un prédicateur modéré. Et enfin, avant d'être mangé, il peut toujours être mangé. Grande ressource pour les grands politiques. Combien de réformes difficiles ont été ajournées indéfiniment sur la seule promesse qu'on allait manger du Jésuite ? Puisque nous parlons office et salle à manger, je vous avouerai, monsieur, que j'ai souvent comparé la célèbre Compagnie à un bon gros pâté qu'une maîtresse de maison conserve en sa cave comme un *en cas*, très précieux à la campagne. Viennent quelques bonnes fourchettes, elle ne sera pas surprise et ses convives auront de quoi se rassasier.

Mais le Jésuite une fois mangé offre ce très grave inconvénient qu'on ne peut plus le manger. Cet inoffensif, une fois dans l'estomac, offense ; avant de mourir il a pardonné, mort et enterré, il se venge. La digestion en est laborieuse à l'extrême. Ce ne sont plus qu'aigreurs, renvois, dégoûts, amas d'humeurs... Par un phénomène bizarre mais réel, l'appétit, loin de se contenter, s'irrite et se déprave. Il devient furieux, il exige du Dominicain, du Carme, du Capucin, de l'exotique ou du missionnaire, du Frère, de la sœur, du curé, du vicaire, à leur défaut du sacristain, du bedeau, du simple fidèle. On finit par mourir en se dévorant soi-même. C'est la privation de vie où conduit cette folie, disait, chez Molière, M. Purgon au malade imaginaire.

Je vous laisse, monsieur, méditer sur les suites funestes d'un mauvais dîner. S'il en est temps encore, repliez votre serviette, repoussez ces mets dangereux, ordonnez qu'on suspende les préparatifs du festin, et croyez à toute ma reconnaissance.

R. P. X...

LETTRE Xme

Où l'auteur, légèrement surpris de tant écrire à M. Waldeck-Rousseau sans recevoir de M. Waldeck-Rousseau l'ombre même d'une réponse, lui cède la plume, en le priant de remplir ce modeste canevas.

Première origine de la loi contre les Congrégations. Comment le gouvernement a fait sa soumission aux loges. De l'affaire Dreyfus et de ses conséquences. Des représailles exercées sur les Congrégations, sur l'armée et sur le pays pour venger l'honneur d'un officier hébreu, vendeur des secrets de la défense nationale. Des moyens employés pour obtenir ou pour acheter la majorité dans les deux Chambres. Détails sur le marché des consciences et des votes ; chiffres à l'appui.

Suites probables, suites certaines, suites immédiates de la persécution contre les Ordres religieux ; prévisions du ministère. Augmentation des dépenses publiques et diminution des recettes. Éventualités d'une banqueroute.

Extension à l'étranger du mouvement antireligieux et antifrançais. Efforts de la diplomatie et des agents secrets du ministère des affaires étrangères près les cours européennes en vue de les déterminer à des mesures hostiles, répressives ou exclusives contre nos nationaux qui voudraient se réfugier dans leurs états. Rapprochement avec l'Allemagne. Péril des colonies et ruine de l'influence française dans le Levant.

Victoire complète de la Juiverie.

. . . .
. . . .
. . . .

Parlez, monsieur le Ministre, et prenez vos aises. Vous ne serez jamais trop long, si vous voulez bien éviter la moitié, le quart ou la vingtième partie des restrictions mentales, des distinctions trop fines, des réticences trop adroites, des insinuations perfides, des circonlocutions savantes que, dans votre passion pour la vérité, vous reprochez si justement aux Jésuites.

J'attends votre réponse.

R. P. X.

LETTRE XIme

Où l'auteur fait part à M. Waldeck-Rousseau de ses
impressions de voyage et de ses entretiens avec
un excellent curé. — D'une part on ne comprend pas pourquoi M. le Ministre n'aime pas les
Jésuites de tout son cœur, et d'autre part on conçoit
très bien comment il les déteste de toute son âme. —
La contradiction s'explique et M. le curé de S. S.
adresse devant tout son peuple à son hôte de quelques
jours des adieux très beaux et très touchants.

L...., le 11 septembre.

Vivent les voyages, monsieur ! il n'est point
d'école qui vaille les grands chemins , les
buissons, les auberges et les presbytères pour
apprendre le vrai du vrai. Pierre qui se rend
au marché, Jean qui en revient, un soldat qui
rejoint son régiment, un bon petit vicaire de
rien du tout, un prêtre éminent, un laboureur
entre deux âges, un jeune officier, tous ces
braves gens, ces doctes gens qui savent tant de
choses, ces petites gens qui en savent si peu
mais qui les savent si bien, tous vous montrent
la vie et les choses sous mille aspects divers.
Chacun cause du bon de son cœur suivant son
métier ou sa profession. Je ne m'étonne pas

que M. le général André aime tant voyager ; je m'étonne seulement qu'il profite si peu de ses voyages. La raison en est qu'il parle trop, qu'il écoute trop peu ; il se montre, il se regarde. Je préfère écouter et voir.

Le premier que j'ai vu dans la cure de V..., c'est son curé... Ah! monsieur, quel homme, quel charmant homme ! De l'esprit jusqu'au bout du petit doigt, du courage et de la bonté plein le cœur, le plus aimable sourire au coin de l'œil et de la bouche, une conversation très fine, une plume alerte, une érudition charmante qui jaillit de source, l'habitude d'ouvrir les livres et l'habitude d'ouvrir les fenêtres, pour regarder, tantôt les siècles passés et tantôt le moment présent, une main ferme et douce qui tient à merveille les rênes du gouvernement paroissial... et avec tous ces dons une voix superbe... voilà mon hôte. Or, monsieur, — je vais vous surprendre — ce prêtre distingué, ce curé modèle, nous aime de tout son cœur, nous Jésuites. C'est plaisir de rencontrer tels amis qui consolent de certains ennemis. Nos amis nous aimeraient moins si nos ennemis ne nous détestaient pas si fort et il est mieux de conserver chez les premiers la douceur de leurs sentiments, que de corriger chez les seconds l'âcreté de la bile.

Mon curé nous a toujours aimés, même avant
de nous connaître, au seul mal que disaient de
nous les méchants :

Ces méchants qui sont-ils ?

Ces sentiments, bienveillants toujours, se sont
animés d'une chaleur très particulière à l'époque du carême dernier. En ce moment, nos
Pères ont donné à toute la ville les exercices
du Jubilé. Prédicateurs et prédications furent
universellement loués. Les prédications ont
touché les âmes, les prédicateurs ont conquis
les cœurs. Pardonnez-moi, monsieur, d'insister
sur cette louange domestique ; c'est que j'y
trouve une excellente réponse à l'une de vos
assertions les plus ordinaires. D'après vous, il
y aurait incompatibilité entre les deux clergés.
Séculiers et réguliers ne s'entendent pas ; les
rôles sont intervertis par l'intolérance des réguliers : la chapelle confisque l'Église, le che-
val de renfort est attelé dans le brancard, le
missionnaire étouffe le pasteur, le moine fusille
le curé, le non-concordataire oblige le concordataire à lui prêter ses épaules et, grimpé sur
elles, il fait agréablement son voyage de la vie.
L'abondance de ces images n'exprime qu'im-
parfaitement l'abondance des sentiments hos-
tilés que vous nourrissez à notre égard. Vous

nous détestez si bien que vous en arrivez à
aimer nos humbles desservants, ainsi que vous
les appelez. Toute la gauche entre dans vos
amours. On n'y voit plus que bons petits parois-
siens qui arrosent de leurs larmes le jardin du
presbytère. Plus n'est question de supprimer
les traitements ecclésiastiques, de plier le dos
du curé sous le sac du soldat, de surveiller d'un
œil sévère les fondateurs d'écoles libres, les
rédacteurs ou propagateurs des *Croix* locales,
d'interdire le port de la soutane... Seuls, les
Jésuites ont pu rêver d'aussi odieuses et piteu-
ses taquineries.

Vous êtes tout entier à la compassion. Je me
souviens d'un passage ineffable, — pardonnez-
moi de ne pas vous citer textuellement, vos
œuvres oratoires ne figurant pas encore dans
la bibliothèque de mon curé, — où vous faites
deux parts du clergé : ceux qui se taisent et
ceux qui parlent. Ceux qui parlent ne parlent
que pour nous dénoncer et nous accuser. Mais
ceux qui se taisent sont nos pires ennemis, leur
silence est le fruit d'une épouvantable oppression ; sous ce poids gémissent les jeunes consciences sacerdotales que nous aurions pétries
et terrorisées, dans les séminaires où grandis-
sait leur candide jeunesse. Et voilà comment
vous faites l'unanimité ! Contre les Jésuites :

d'abord tous ceux qui parlent ; ensuite tous ceux qui ne disent rien.

Dans ses conversations ordinaires, mon curé remettait les choses au point.

« Pour moi, me disait-il, je m'en tiens à la pensée de Mgr Pie ; — les œuvres de Mgr Pie sont où vous n'êtes pas encore, parmi les livres et les amis de mon hôte — mon estime et ma sympathie pour l'institut de Saint-Ignace se mesurent sur l'opposition et la haine dont il est l'objet de la part des ennemis de Dieu et de l'Église. L'amour des Ordres religieux, du vôtre en particulier, mon Révérend Père, est l'un des des traits caractéristiques du bon prêtre...

— Il y a sans doute quelques exceptions ? ai-je fait.

— Peu, reprenait-il, et elles comptent peu. La difficulté n'a jamais été que d'homme à homme. Tel curé ne verra même au microscope que des péchés véniels dans sa paroisse, tout au plus ; tel Jésuite ne prêchera bien que sur le péché mortel. Les idées se choqueront et se taquineront, mais les Ordres, l'ordre régulier et l'ordre séculier, ne sont pas atteints. Ce sont de bien légers dissentiments...; quelques flocons nuageux à peine visibles, du moins chez nous. Encore M. Waldeck y a-t-il mis bon ordre. Il a soufflé, et nuages de s'enfuir. Plus rien qui altère la sérénité du ciel. Sous ce rapport, l'habile homme nous a rendu service, et il se pourrait que l'effet de ses bons soins dépassât ses désirs.

Ces propos de mon curé me démontraient de nouveau l'utilité des voyages. Voici déjà réfuté l'un de vos principaux griefs contre la Compagnie de Jésus. Ma lettre écrite à bâtons rompus me donnera sans doute l'occasion de renverser quelques-uns des arguments que vous avez dressés contre nous... Pardonnez-moi de vous quitter, on m'appelle au confessionnal...

. . . .

Je reprends. A mes derniers mots, vous avez souri dans votre barbe, — vous qui souriez si peu — et vous vous disiez : voilà bien nos duchesses et nos comtesses qui, sur le bruit qu'un Jésuite est descendu au presbytère de S. S. accourent en quatre calèches, ravies d'ouvrir à un Père de la Compagnie de Jésus leur conscience aristocratique.

Cela serait, monsieur le président du Conseil, que cela vous regarderait peu ou point. Le recensement des confidences sacrées échappe de tout point à votre juridiction et, par suite d'une lacune que vous comblerez l'un ces jours, nos lois n'obligent pas encore un catholique à vous déclarer le confesseur dont il aura fait choix ou à solliciter la permission d'en changer. Si vos services administratifs descendent quelque jour jusqu'à ce détail (n'en désespérons pas), il sera nécessaire d'ouvrir plusieurs bureaux à l'usage de certaines dévotes.

Cela serait, le crime de confesser une comtesse ou une marquise n'étant pas énorme, que la peine dépasserait singulièrement le délit. La dispersion, la confiscation, rien que cela pour avoir versé l'absolution sur une tête noble et héraldique? Juste Ciel! quelles rigueurs sont donc réservées aux assassins, aux dilapidateurs de la fortune publique, à ceux qui trafiquent les secrets de la défense nationale!

Mais enfin, cela n'est pas. Ce crime, je ne l'ai pas commis. J'ai confessé quelques servantes, quelques ouvriers, deux ou trois petites bourgeoises, les pauvres assistés par la confrérie de Saint-Antoine, quatre ou cinq douzaines d'enfants; voilà le bilan de ma première journée, et mon curé me dit que la suite sera telle que le commencement.

. . . .

Pas de chance, monsieur Waldeck! Chaque jour, chaque heure m'apporte une preuve nouvelle que vous vous êtes... trompé. Voici qu'on me remet une lettre de mon supérieur. Il me demande de dire la messe dimanche prochain, en action de grâces et à l'intention du Souverain Pontife. Dieu le garde à son Église, aux Ordres religieux, à l'humble famille qui me compte parmi ses fils ! A nous, comme à tous, — mais dans la parole paternelle chaque enfant cherche un accent qui soit pour lui — il a prodigué les témoignages de sa tendresse. Cette éloquence, si grave et si haute, quand elle défend les droits de Dieu et du peuple chrétien s'attendrit quand elle s'incline vers les victimes de vos lois iniques. Elle les félicite, elle les encourage, elle les bénit, elle leur dit que toute l'Église est avec elles. Et vous, monsieur, vous avez dit qu'en nous frappant, vous rendiez service à la Papauté. L'âme du Pontife suprême sera délivrée de ceux qui l'obsèdent, Léon XIII, la Compagnie dissoute, rentrera dans l'exercice des droits souverains confisqués par la puissante société, il sera le roi temporel des États pontificaux que la maison de Savoie n'a sacrilègement usurpés que pour faire plaisir aux Jésuites.

Ah ! monsieur, l'on ne vous savait pas jusqu'à ce point le bienfaiteur et le libérateur de la monarchie pontificale ! Ainsi donc, lorsque vous fermez nos maisons, lorsque vous nous défendez d'instruire la jeunesse catholique, lorsque vous ruinez l'espoir des missions lointaines et

désolez leurs séminaires, lorsque vous préparez des pénalités rigoureuses contre les trans-
gresseurs de vos lois et de vos décrets, vous
n'avez au cœur qu'un désir : le service du Siège
apostolique.

Le saint homme ! Ce seul mot nous est permis, chaque fois que vos mains vénérées nous
dépouillent de nos biens. Toute la Chambre est
embaumée par votre piété quand se discute
une loi hostile aux Ordres religieux et particu-
lièrement aux Jésuites.

Et l'intérêt du ciel est tout ce qui *vous* touche.

Vos amis en sont aussi convaincus que vos
ennemis. Peut-être cependant le Souverain
Pontife ne sait-il pas jusqu'à quel point vous
lui êtes dévoué. On se demande également si
les catholiques vous témoignent, avec assez
d'empressement, toute la gratitude de l'Église.
Mais vous, insensible aux éloges aussi bien
qu'au mépris, n'attendant des hommes aucune
récompense, vous vous souvenez que l'histoire
voit passer de ces temps où l'erreur

Sur les yeux les plus saints épanche ses ténèbres.

Et plus saint que le Saint-Père, plus catholique que le Pape, malgré Rome, vous sauvez
Rome.

Je n'écrirai pas, monsieur, le mot qui tomberait facilement de ma plume, aussi bien le trouverez-vous dans plusieurs des pages de l'Évangile, celles en particulier qui relatent les paroles du Sauveur aux Pharisiens. Lui non plus ne trouvait pas leur sincérité absolue. Sous des apparences légales frauduleusement invoquées, il montrait d'énormes mensonges, d'énormes hypocrisies, d'énormes injustices.

Si vous croyez tout ce que vous dites, la moitié ou le quart, jusqu'à quel point poussez-vous la candeur ?..... Et si vous ne le croyez pas, de quel droit reprochez-vous aux Jésuites la dissimulation et le mensonge ?

Cependant, monsieur, si vous n'êtes pas sincère toujours, vous l'êtes quelquefois et nous voici sur le point de nous entendre. Défiance du clergé concordataire, prédilection de la clientèle riche ou patricienne, effroi du Saint-Siège, ces motifs, quelques autres d'une égale importance ne sont que bagatelles à vos yeux. Votre haine est mieux instruite, elle s'explique plus clairement. Entre vous et nous la guerre est éternelle, la paix impossible, toute entente chimérique, parce que nous sommes les fils et les disciples de doctrines ennemies. Vous êtes les fils et les disciples de la doctrine révolutionnaire, nous sommes les fils et les disciples de la doctrine catholique. Au fond

vous ne dites pas autre chose et votre pensée
jacobine, impatiente des mots dont la politique voudrait l'envelopper, perce à chaque
instant. Messieurs Viviani et Brisson ne sont
pas plus violents que vous, ni plus sectaires.

J'en viendrais bientôt à cette comparaison
entre la doctrine catholique et la doctrine
révolutionnaire, mais auparavant, souffrez que
j'admire encore votre libéralisme, autant qu'il
le mérite. Eh ! quoi, monsieur, vous n'aviez
pas assez de sarcasmes, vous et votre école,
contre l'Église catholique et l'intolérance de
ses dogmes ! Vous dénonciez avec une colère
furieuse, l'inquisition, l'excommunication...
Notre pacifique *Index,* ce doigt qui montre aux
catholiques certains livres dangereux pour
leurs mœurs ou pour leur foi ; notre inoffensif
Syllabus, ce catalogue des principales erreurs
opposées à nos croyances, tour à tour irritait
votre orgueil ou excitait vos risées. A l'encon-
tre de cette Église inhospitalière, disiez-vous,
à la pensée humaine, armée contre l'esprit
d'analyse ou l'esprit scientifique, hostile à la
liberté des opinions, vous seriez, vous, les serviteurs et les vengeurs de l'Idée. Toute doctrine serait libre au soleil de vos institutions,
les écoles les plus opposées, également citoyen-
nes, ne lutteraient que par la parole. A chaque

philosophie ou à chaque religion de multiplier ses disciples par le rayonnement de son verbe... Et vous voilà !

Après tant de promesses, sans raison aucune et contre toute raison, vous dépassez les rigueurs si pleinement justifiées de l'Église catholique. Elle, monsieur (les souvenirs de votre enfance ne vous permettent pas de l'ignorer), en protégeant le symbole, ne défend pas une conception particulière ou personnelle de la vérité ; elle défend la *Vérité*, celle que le Fils de Dieu lui a remise en dépôt sous la réserve qu'elle n'y toucherait pas et qu'elle ne permettrait à personne d'y toucher ; son intolérance n'est pas autre chose que l'amour de cette bienfaisante lumière, la plus grande richesse du peuple chrétien. Élever ce flambeau, en répandre les clartés, c'est son droit, et c'est son devoir. Vous n'avez pas ce droit, vous n'avez pas ce devoir, vous, monsieur, qui ne nous apportez aucun Évangile, aucun écho de la parole divine, vous qui n'êtes ni un prophète, ni un messager, qui ne chargez vos opinions douteuses, incertaines, quelquefois incohérentes et peut-être successives, que du poids de votre esprit.

Vous êtes beau, monsieur, lorsque vous foudroyez Louis XIV pour avoir révoqué l'édit de

Nantes et exilé des protestants de terre française. Je n'ai pas à examiner si les conseils du grand roi étaient inspirés par la politique ou par la religion, si ses intentions n'ont pas été dépassées par des serviteurs trop zélés et maladroits — ils sont de tous les temps — mais vous êtes plus absolu que le plus absolu de nos rois. Lui du moins n'a été que trop rigoureux dans la justice, il a trop sévèrement interprété l'antique maxime du pays nécessaire à son unité : « *Une foi, un roi, une loi.* » A ses yeux les protestants étaient non seulement des hérétiques en lutte contre l'Église romaine, mais surtout des rebelles mutinés contre les principes fondamentaux du royaume. Je ne défends pas ici cette conception des choses politiques et religieuses ; je l'expose en vous rappelant qu'elle était celle du dix-septième siècle, celle de la monarchie très chrétienne.

D'autres temps sont venus, d'autres idées ont cours. Aujourd'hui, — du moins on le dit, — toutes les opinions sont libres. — Pourquoi vous inquiétez-vous de nos opinions ? On est, comme on le veut, croyant ou incroyant. — En quoi donc vous importe notre croyance ? Les juifs, les musulmans, les bouddhistes, les huguenots ne seront point gênés dans la pratique de leur culte et l'intelligence de leurs dogmes.

— De quel droit gêner des catholiques, ces catholiques seraient-ils même Jésuites? Il est entendu que l'État moderne, indépendant de toute pratique cultuelle, ne sera plus asservi à l'Église romaine, pour quelle raison l'asservir à l'Église révolutionnaire et recommencer au seuil du vingtième siècle une guerre de doctrines?

C'est cela que vous faites, et cela uniquement, lorsque vous nous reprochez de ne pas appartenir à la Révolution. De grâce, entendons-nous sur ce mot si vague, si flottant : la Révolution; la loyauté le demande et un esprit quelque peu fier ne devrait pas recourir à certains procédés de polémique d'une probité douteuse.

Il est bien nécessaire de distinguer dans la Révolution : *des faits historiques, des principes économiques, des maximes théologiques* religieuses ou irréligieuses.

Sur quoi portent vos reproches?

Pensez-vous que nous n'acceptons pas les faits historiques? Ce serait insensé. Nous savons comme tout le monde que l'histoire est toujours en marche et que les siècles qui détruisent et construisent ne refont jamais sur le même plan les mêmes édifices. Comme vous, monsieur, nous disons : *aux morts les morts;*

au passé, le passé. Seulement, nous le disons avec plus d'amour et avec plus de regrets, avec une plus juste estime des grandeurs évanouies, avec un orgueil plus filial de ce qui fut la France.

Est-ce un crime d'honorer ses aïeux dans leur sépulture ?

La révolution économique n'est point finie, elle commence à peine. Le progrès des sciences, les énergies nouvelles que découvre l'étude des lois physiques, apportent chaque jour des facteurs nouveaux à ces difficiles problèmes. En dehors des principes immuables, le moment n'est venu pour personne de se prononcer sur l'accession à la richesse et sur sa division. Tout au plus réunissons-nous quelques éléments dont se serviront nos neveux, ou dont ils ne se serviront pas, pour asseoir la science sociale sur des bases solides. Même un Allemand ne pourrait nous chercher querelle ici.

Mais que vous importent les faits historiques, les principes économiques ? Vous aimez tout autre chose dans la Révolution, vous aimez son ardente, son implacable inimitié contre l'Église, et on n'est bon révolutionnaire à vos yeux qu'à cette condition. Vous ne nous surprenez pas. Joseph de Maistre et Mgr Pie ont depuis longtemps reconnu : le premier, le caractère satanique des *géants* de 93 ; le second, leur caractère antichrétien, antifrançais.

Écoutez le grand évêque de Poitiers. A vous qui cherchez partout des conspirateurs, il montrera où est la grande conspiration des temps modernes.

« Je dirai avec un roi, grand homme d'État, que dans son fond et dans son essence la conspiration a été ourdie contre Dieu et contre son Christ. *Convenerunt in unum adversus Dominum et adversus Christum ejus.* C'est Dieu, c'est son Christ, dont on veut briser les chaînes, dont on veut secouer le joug : *Dirumpamus vincula eorum et projiciamus a nobis jugum ipsorum.* Ils ont dit à Dieu et surtout à son Christ : Retire-toi, nous ne voulons pas de la science de tes voies. Et il fut fait comme il fut dit. Il existait un pacte ancien, une longue alliance entre la religion et la société, entre le christianisme et la France ; le pacte fut déchiré, l'alliance rompue : *Et averterunt se et non servaverunt pactum.* Dieu était dans les lois, dans les institutions, dans les usages ; il en fut chassé, le divorce fut prononcé entre la Constitution et l'Évangile, la loi fut sécularisée, et il fut statué que l'esprit de la nation moderne n'aurait rien à démêler avec Dieu, duquel elle s'isolait entièrement : *Et in lege ejus noluerunt ambulare... et non est creditus cum Deo spiritus ejus.* Dieu avait sur la terre des temples majestueux, que surmontait le signe du Rédempteur des hommes ; les temples sont abattus ou fermés ; on n'y entend, au lieu des chants sacrés, que le bruit de la hache, ou le cri de la scie ; la croix du Sauveur est renversée et remplacée par des signes vulgaires : *Posuerunt signa sua, signa... in securi et ascia dejecerunt eam.* Dieu avait sur la terre des jours qui lui appartenaient, des jours qu'il s'était réservés et que tous les siècles et tous les peuples avaient respectés unanimement ; et toute la famille des impies s'est écriée : Faisons disparaître de la terre les jours consacrés à Dieu, *Dixerunt in corde suo : quiescere faciamus omnes dies festos Dei a terra.* Dieu avait sur la terre des représentants, des ministres, qui parlaient de lui et le rappelaient aux peuples ; les prisons, l'exil, l'échafaud, la mer et les fleuves ont tout dévoré. Enfin, disent-ils, il n'y a plus de prophète, et Dieu ne trouvera plus de bouche pour se faire entendre. *Jam non est propheta, et nos non cognoscet amplius.* O vous tous qui portiez sur votre front l'onction sainte qui fait les pontifes et les prêtres, les rois et les prophètes, de quelque prétexte que l'on s'arme contre vous, rassurez-vous : c'est à cause du nom de Jésus-Christ que vous êtes un objet de haine ; et le Seigneur qui sait discerner entre les cupidités accessoires et la passion dominante, vous dit, comme à Samuel : « Ce n'est pas vous qu'ils ont rejeté mais c'est moi, de peur que je ne règne sur eux. *Non enim te abjecerunt, sed me, ne regnem super eos.* C'est un fait ; il ne reste debout que les droits de l'homme. Ou plutôt l'homme est Dieu, sa raison est le Christ, et la nation est l'Église. »

Voilà de graves pensées ; elles répandent sur la situation présente une abondante et fidèle lumière. Il y a deux cités qui se partagent le monde, deux Églises si vous voulez : l'Église de Dieu, l'Église de Satan. Il vous convient d'appeler cette dernière la Révolution et de nous dire que nous n'en serons jamais les citoyens. En cela vous avez raison, mais vous errez singulièrement si vous croyez que cette cité du mal sera jamais habitable pour les catholiques. Ils n'y entreraient que par la porte de l'apostasie. En réalité, la guerre que vous nous faites, en nous isolant du gros de l'armée catholique, est menée contre Dieu et contre Jésus-Christ, parce que Jésus-Christ est le point où Dieu s'est montré le plus sensible et le plus *vulnérable* à l'offense humaine. Vos ennemis vous le disent et plus encore vos amis

et vos alliés. Ils ne sont avec vous que parce
que vous servez la cause du mal et du mensonge, parce que vous faites, à leur profit,
l'œuvre de la haine et de la mort. C'est dans ce
but unique que la Maçonnerie a groupé dans
votre main ses troupes composées de cosmo-
polites, d'anarchistes, de socialistes, de judaï-
sants et de protestantisants. Aussi, nous n'at-
tendons de vous ni pitié, ni repentir. Et cependant, malgré vous, deux fois, vous nous avez
rendu justice ; d'une part, en n'invoquant
contre nous que de misérables arguments, si
faibles qu'ils seraient renversés par le souffle
d'un écolier ; d'autre part, en dévoilant la véritable cause de vos hostilités : l'inviolable atta-
chement de la Compagnie de Jésus aux pures
doctrines de l'Église Romaine. Si les Jésuites
avaient besoin d'un monument pour dire à
ceux qui viendront leur fidélité aux traditions
de leur Ordre, vos mains inconscientes élève-
raient ce monument, et vos lèvres, sincères
malgré vous, diraient cette louange. Aussi les
Jésuites vous plaignent, beaucoup plus qu'eux-
mêmes, infiniment moins que leur patrie. Vous
les frappez, eux, mais vous la trahissez, elle.
Pauvre France ! Elle n'a point pour se consoler
les promesses d'immortalité faites à l'Église.

. . . .

Ces dernières paroles ne m'appartiennent pas. Elles furent prononcées par mon très digne et très cher curé à l'heure des adieux, après le dernier sermon, devant toute la paroisse. J'entendis, sans l'avoir prévu, un excellent chapitre du catéchisme sur les véritables causes de la persécution suscitée contre les Ordres religieux et contre les Jésuites. Rien n'y manquait, ni la haute éloquence, ni la vive lumière, pas même l'émotion des fidèles et celle du pasteur. A ce souffle ardent de la vérité et de l'amour, vos malheureux arguments s'en allaient en poussière et en fumée. Vous direz peut-être que ce curé fait de la politique en chaire ; il vous répondra que vous faites bien de la théologie à la tribune, — oh ! de la très mauvaise.

Taisez-vous, il se taira ; moi aussi, monsieur ; j'en ai le plus vif désir.

Sans adieu.

R. P. X...

LETTRE XIIme

Où l'auteur fait à M. Waldeck-Rousseau les honneurs
d'une dernière fête de Saint-Ignace au Gesu de X...
— Le Jésuite et le ministre écoutent le même sermon
et le Jésuite y ajoute quelques considérations pratiques à l'usage du ministre. — On se rend ensuite
au dîner et M. le Président du Conseil y entend
diverses allusions plus transparentes que flatteuses
à sa personne et à son œuvre.

'L ..., 15 septembre.

Monsieur,

Je suis rentré pour faire mes malles. C'est
un plaisir mélancolique, l'occasion de revoir
de vieux papiers, d'en déchirer un grand
nombre, d'alléger le bagage de la vie. Aujour-
d'hui je déchire davantage pour emporter
moins. L'avenir me découvre une suite de
grandes routes, allant d'un gîte provisoire à
un gîte provisoire. De nombreux colis ne
feraient pas mon affaire... Au feu les poésies
de ma jeunesse, au feu les dissertations de la
philosophie et de la théologie, au feu les canevas dont se nourrissait (maigrement) mon éloquence... au feu. Je ne sais, monsieur, si la
postérité vous pardonnera ce vandalisme que

vous avez rendu nécessaire. Mais voici que la main hésite, qu'un pauvre petit cahier, tout récemment écrit, refuse de faire le saut et prétend ne point tomber dans le fatal panier que j'ai promis au cuisinier et à ses fourneaux. Il me montre son titre qui, à ses yeux, valait une assurance contre l'incendie.

La dernière fête de Saint-Ignace — 31 juillet 1901... Et de fait, il sera épargné, je le retiens sur le bord de la flamme et vous invite à faire connaissance avec lui. Ce sont des notes, des souvenirs qui se groupent autour du foyer de la famille aujourd'hui renversé. Les fils ont célébré la mémoire de leur père. A cette occasion, une gravure m'est revenue à l'esprit; elle représente les disciples se réunissant encore au pied de la Croix toute nue, toute *esseulée,* avant de s'en aller jusqu'aux extrêmes lointains du monde.

C'est un peu cela... Mais ouvrons le cahier. J'y trouve d'abord de larges extraits du panégyrique prononcé dans l'Église du Gesu, à X... Ecoutons. Peut-être, monsieur, êtes-vous un peu en retard avec les prédicateurs. Vous aurez l'occasion de réparer une négligence possible. Je ne louerai pas le sermon, étant tout à fait intime avec celui qui l'a prononcé; tout au plus vous indiquerai-je de loin en loin une pensée où je verrai un profit particulier pour Votre Excellence.

« Les familles religieuses, dit l'orateur au début de son discours, sans le scinder, se partagent Jésus-Christ. Avec Benoît et ses fils, le Sauveur gravit de nouveau la montagne habitée par sa prière ; il s'enfonce avec Bruno dans le désert effrayé par sa pénitence, il sonne avec Dominique le clairon des batailles apostoliques ; il chante avec François l'hymne suave des fiançailles entre le cloître mystique et dame Pauvreté ; il redit avec Vincent de Paul, la parole de sa grande pitié, le *misereor* en face de la multitude qui a faim et qui a soif ; il envoie avec Alphonse de Liguori des missionnaires aux peuples des villes et aux peuples des campagnes. Mais, après ce partage, que peut-il encore donner et ne jugez-vous pas épuisés les trésors de notre Évangile ? » Le prédicateur répond à cette question qu'il s'est posée — si sa harangue n'était pas si bien apprise, on dirait qu'il vous a aperçu dans l'auditoire : « Notre-Seigneur est riche encore des sentences que des juges d'iniquité ont prononcées contre lui, des soufflets dont des âmes de laquais ont rougi sa face, d'une clameur ardente et savante que des gens trop habiles ont soulevée sur ses pas, en disant : c'est la voix du peuple qui le condamne. Venez, Ignace, j'ose dire que votre place est ici. Vos frères, les illustres fondateurs, ne seront pas autant détestés, et plus riches, j'y consens ; sur le champ de leurs travaux, ils ne moissonneront pas cette haine qui s'attache à vous et à votre œuvre.

« Tel le Père, tels les fils. Vous les connaissez, mes frères, vous les entendrez sans cesse, ces calomnies retentissantes, cent fois réfutées, mille fois répétées, que l'on tue et qui ne meurent pas, que l'histoire dément et qui falsifient l'histoire. Admises au sanctuaire profané des lois, elles inspirent le législateur ; commentées dans les journaux, elles égarent, elles affolent l'opinion publique, redites dans les clubs et les tavernes, elles grisent la multitude du vin de la colère, arment des fusils qui ne savent plus ce qu'ils font, et l'honnête homme impuissant à les démentir n'essaie plus contre elles qu'un geste découragé. »

Le prédicateur parcourant la vie de saint Ignace cherche d'abord vainement la raison de cette hostilité ; elle ne s'explique point, en effet, par des maximes ou par des œuvres communes à tous les saints et à toutes les familles religieuses. Mais il trouve enfin cette cause première et dernière d'une haine inextinguible, et il la montre. Ceci vous concerne encore, monsieur le président du conseil. Vous aimez trop à exposer la doctrine de l'État moderne et de la société sécularisée pour ne pas dresser l'oreille :

« On l'a souvent remarqué, Ignace et Luther s'avancent dans le même temps sur la scène du monde ainsi que deux capitaines qui se cherchent, se rencontrent et se mesurent, l'un ne consentant pas à vivre si l'autre est debout. Puisque l'esprit prétendu moderne invoque Luther comme son inspirateur, il n'est que trop juste que l'esprit catholique, le vieux sens des nations baptisées reconnaisse en saint Ignace l'un de ses maîtres et de ses docteurs : un rempart et une lumière.

« Pour son éternel malheur, Luther réunit dans une vaste fédération tous les orgueils et toutes les convoitises qui, dans le fond troublé de la nature humaine, aspirent à secouer le règne social et le règne individuel de Jésus-Christ Notre-Seigneur : *Nolumus hunc regnare*. Une justice vengeresse qui se sert, comme il lui convient, des mots pour punir et flétrir, oblige les sectateurs du moine apostat à s'appeler, non pas comme d'autres hérétiques, du nom de leur chef impie ou du nom de leur système frauduleux, mais du nom de leur œuvre néfaste : les *protestants*, c'est-à-dire ceux qui se roidissent contre l'autorité et contre Dieu, ceux qui, n'ayant pas une doctrine stable, un autel, un sacrifice, une règle ferme et immuable, s'élèvent contre cette doctrine, cet autel, ce sacrifice, cette règle ou cette autorité qui chez nous offense leur orgueil...

« En apparence vaincue, mais en réalité et grâce à des connivences criminelles, victorieuse, l'hérésie protestante a pris la direction de nos affaires et provoqué tant de conflits avec Rome et avec l'Église. Les légistes de 1682 secondés par les jansénistes et les secondant en retour ; les philosophes et les libertins du xviiie siècle ; les révolutionnaires, jacobins ou libéraux, datant de 1789 ou datant de 1793, mais d'accord sur les principes, soumis à la même puissance infernale, parfois occulte, aujourd'hui déclarée ; tous ces hommes en humiliant la foi sous la raison, en proclamant les immunités de la société civile et de la nature humaine, en repoussant, en méprisant Notre-Seigneur Lui-même, ses dons, ses maximes et ses droits souverains, ont préparé, et maintenant ils précipitent l'immense malheur que Léon XIII appelait, au commencement même de ce mois : la grande apostasie des nations catholiques. »

Voilà bien votre œuvre, monsieur le ministre, précipiter l'apostasie de la France et du même coup pousser aux dernières extrémités ses erreurs et ses malheurs. Averti par un sûr instinct, l'esprit national se réveille et s'inquiète ; il voit en vous un ennemi, parce qu'il voit un serviteur de l'influence protestante. Il sent que vous ne l'aimez pas parce que vous aimez tout ce qui lui est hostile, vous détestez tout ce qui lui est bon, utile, salutaire et glorieux. Moines, soldats, paysans, aïeux, croyants, vous et les vôtres les avez-vous servis ou trahis ?

Nous sommes moins loin de saint Ignace que vous ne le pensez. Née à Paris, sur la colline de Montmartre, attachée à son berceau, la Compagnie de Jésus en France est dans le vrai des traditions du pays ; elle vit de sa vie, de sa pensée, de son travail, de son ardeur et de son zèle. J'avoue qu'on ne le savait pas assez, grâce à beaucoup de mensonges que vos *ancêtres* ont répandus ; mais ces mensonges se dissipent, la vérité commence à percer tant de nuages. Vous faites malgré vous et contre vous l'unité des bons citoyens. Peut-être même n'êtes-vous pas incapable d'opérer un miracle, vous qui croyez si peu aux miracles, et de rendre les Jésuites populaires. Ce n'est pas impossible. Il suffirait d'une victoire de l'âme française, de l'âme catholique. Notre prédicateur espérait ce triomphe, il le saluait dans ses dernières paroles :

« Nos perpétuelles défaites sont aussi de perpétuelles victoires.

« Si nous sommes frappés, ce n'est pas à cause du mal que nous aurions commis, c'est à cause du bien que la grâce de Dieu nous a donné de vouloir et d'accomplir.

« Nous n'avons pas commis le mal, scindé l'âme du pays, corrompu sa jeunesse, méconnu ses traditions, amoindri sa vigueur, paralysé son travail, saisi l'or de son épargne. Cela nous serait pardonné.

« Nous avons fait le bien, nous le faisons encore. La vie religieuse n'est pas plus défaillante chez nous que chez nos frères des Ordres et Congrégations de la sainte Église. Si la mort doit venir, elle nous surprendra dans la joie de la jeunesse et l'ardeur du travail ; tous ouvriers du règne de Dieu, de la paix chrétienne et du bonheur public.

« Mais nous ne redoutons pas cette mort. La justice et la liberté seraient blessées, tuées en même temps que nous. Dieu n'abandonnera pas sa cause, nous dormirons notre sommeil ensevelis dans les plis de ce drapeau, — *l'orateur montrait le drapeau du Sacré-Cœur flottant près de l'autel* — c'est un linceul glorieux et les anges de la Résurrection veilleront sur notre sépulture. »

Ubi missa, ibi mensa. L'on dîne où l'on célèbre ; la table de l'autel et celle de l'hospitalité sont voisines, dit la vieille politesse monacale. Notre Père Ignace ne fit pas mentir le proverbe. Quelques-uns de nos amis les plus dévoués prirent place au repas de sa fête, mais ce repas ressemblait plutôt à celui qui, dans plusieurs provinces, est inséparable des funérailles. Encore y a-t-il enterrement et enterrement. Certains dîners au retour du cimetière ne manquent pas d'une certaine gaîté. Le grand air, un peu de retard ont excité l'appétit, on trinque au souvenir du vieux parent décédé sur le tard de son existence, et les héritiers disent facilement que le bon Dieu en le rappelant lui a fait une belle grâce.

Il y a d'autres enterrements moins consolés, des enterrements avant la lettre où assistent ceux qui vont décéder et qui trouvent bon de faire toute la cérémonie eux-mêmes, sauf le point ultime. A quoi bon d'ailleurs s'en inquiéter ? L'on trouve toujours quelqu'un pour rendre à quelqu'un ce devoir suprême et, le cas échéant, nous compterions sur vous. La joie manquait donc à notre modeste festin, nos convives se sentaient enveloppés d'une tristesse profonde et ils l'exprimaient dans leurs conversations.

L'heure des *toasts* sonna bientôt. Nous n'aimons pas beaucoup ce mot et cet usage, il trouble trop le silence ordinaire de nos repas, et M. le général André, grand discoureur, serait mal à l'aise chez nous. Mais toute règle a ses exceptions; il est des jours où la parole est d'or. Le 31 juillet fut l'un de ces jours.

Le premier qui parla n'était pas orateur; il ne fait pas commerce de sa parole, de ses opinions non plus. C'est un vieux gentilhomme aux cheveux blancs, au regard énergique que semble traverser l'éclair du commandement. Quand ce noble et grand vieillard se leva, un mot qui fut dit du Père de Ravignan, si puissant par la majesté de son attitude, me revint soudain à la mémoire. « Dès le signe de la croix, remarquaient les auditeurs, le sermon est fini. » Tant il est vrai, monsieur, que la véritable éloquence a deux sources très hautes : la noblesse du cœur et la probité de la vie.

Le comte de R. S. n'avait encore rien dit qu'une sorte de frisson secouait les âmes, elles avaient devant elles comme une vision de la

France et de l'honneur. J'entends encore cette parole qui hésite parfois lorsque la pensée est si sûre d'elle-même et si limpide. Rien qui ressemble aux facondes avocassières, lesquelles plaisent tant, paraît-il, à nos parlements.

Écoutons :

« Mes Révérends Pères,

« D'une main tremblante je lève mon verre, je le lève très haut à l'honneur de la Compagnie de Jésus, l'une des gloires les plus pures de l'Église militante.

« Sans les circonstances troublantes que nous traversons, je n'oserais point parler, moi qui sais si peu le faire. Mais j'ai un devoir à remplir. Les hommes de cœur, les hommes d'honneur, les hommes d'abnégation et de sacrifice me sauront gré de vous dire qu'ils sont tous autour de nous.

« Mes amis m'ont prié de parler ; mes fils l'auraient fait si Dieu et la France ne les avaient pris, mon aîné à Patay, son frère dans les prisons d'Allemagne.

« J'espère qu'ils étaient de dignes victimes, car ils avaient appris dans vos collèges à être de généreux chrétiens.

« Comme vous je me sens expulsé de vos résidences et de vos chapelles : j'avais le droit d'y prier, d'y chercher un conseil qui ne m'a jamais manqué, d'y conduire un ouvrier, de me mêler à cette élite ou à cette foule des humbles qui faisait si belles vos fêtes.

« Comme l'un de vos meilleurs amis, je puis bien dire qu'ici, pendant plus d'un demi-siècle, j'ai trouvé des consolateurs, j'ai trouvé des Pères.

« La noblesse conserve encore un droit, celui du souvenir : au nom des miens, et je le dis pour la première et la dernière fois de ma vie, au nom de mes aïeux qui ont tant aimé la France, je vous remercie de ce que vous avez fait pour elle.

« Malheureuse France ! Ils la détestent et ne vous chassent que parce que vous lui êtes utiles et bons.

« J'espère qu'elle se reprendra un jour ; que, réveillée de sa torpeur elle brisera le joug infâme de la Maçonnerie, elle bannira les intrus, les laquais, elle rappellera les citoyens.

« Le vieil arbre n'est pas mort, la sève catholique verdira encore ses rameaux. Quelle que soit ma douleur, je conserve cet espoir, je bois à votre prochain retour. Messieurs, vous ne reviendrez pas seuls comme vous ne partez pas seuls. Je salue d'avance, pour mon pays, la résurrection de la justice ! »

Ces nobles paroles ne furent pas applaudies. Les grands sentiments qu'elles évoquaient préféraient le silence et les mains restent immobiles lorsque les yeux se mouillent de larmes. Après quelques instants donnés à une émotion douce et poignante, l'évêque se leva. Ce n'est point celui du diocèse, sa bienveillance nous est acquise, il nous en a donné les témoignages les plus flatteurs et les plus sincères, mais d'autres travaux le tenaient éloigné de sa ville épiscopale et le R. P. Supérieur par un motif de haute convenance et de filiale réserve ne l'avait point prié de présider la fête de saint Ignace. A sa place s'était assis un missionnaire, jadis le fils et le disciple de la Compagnie de Jésus dans les collèges de France, aujourd'hui moine et évêque. Sa croix pastorale attachée par une longue chaîne d'or repose sur sa poitrine que recouvre toujours le froc monacal. Le prédicateur du matin lui avait dit en le saluant :

« Monseigneur,

« Votre présence ajoute beaucoup à l'éclat et à la douceur de cette solennité : elle en tempère la tristesse. A nos yeux, elle est, cette présence auguste : un *souvenir*, un *témoignage* et un *espoir*. Un *souvenir*, celui des jours heureux que Votre Grandeur a vécus chez nous, comme Elle veut bien le dire avec un accent si filial ; un *témoignage*, celui d'une union si parfaite entre les Ordres religieux que, de tant de familles, elle ne forme plus qu'une famille ; un *espoir*, enfin. Les Églises d'Orient, si souvent visitées par la charité française, si souvent, Monseigneur, éclairées par la lumière de vos conseils, plaideront victorieusement devant Dieu la cause de la France et la cause de ses Congrégations. »

Et l'évêque missionnaire, s'emparant de ces dernières paroles, parlant au nom du siège antique dont il a rajeuni la gloire, disait :

« Que Dieu conserve à l'Orient les fils de saint Ignace, comme les fils de saint Dominique, les fils de saint François, les fils de saint Vincent de Paul et de saint Jean-Baptiste de La Salle. Après les croisés, c'est grâce à eux que le berceau de la foi catholique repose sur une terre chrétienne et française dans le fond du sol. Enfants de l'Église et de la France, nous n'avons d'espoir que si la liberté est rendue à nos deux patries. Tout à l'heure, monsieur le Comte, vous parliez de ce grand arbre qui est l'Église catholique. Comment pourrait-il étendre et verdir ses rameaux sous le ciel d'Orient, si une hache impie fait, en Europe, des inci-

sions meurtrières à son tronc, si ses racines
sont découvertes et sapées...? »

Le gouvernement de la République française
s'est parfois honoré en sollicitant, et plus encore en suivant les conseils de cet évêque, il
lui en a même exprimé sa reconnaissance par
un témoignage public. Pourquoi, monsieur le
ministre, aussi sage que vos prédécesseurs,
n'auriez-vous pas recours aux mêmes lumières ?
Commencez donc par faire votre profit de cette
dernière leçon d'une sagesse élémentaire, mais
que vous ne possédez pas. Puisque vous aimez
les fruits de l'arbre, n'en coupez pas les rameaux.

Vous étiez présents, monsieur, à l'esprit de
tous en cette fête mélancolique. Un compliment
vous y fut même dit en quelques beaux vers
auxquels une revue accordait le lendemain une
hospitalité empressée. Vous aurez plaisir à en
retrouver quelques extraits :

Je sais une demeure aux murs de brique rose
Dont la glycine mauve ourle les volets verts ;
D'où l'on voyait tranquille, à la fenêtre close,
Passer l'or des étés et le gris des hivers.

J'en revois l'âtre empli de vagues harmonies,
Le lit de chêne où dort l'âme des grands aïeuls
Et le corridor clair aux estampes jaunies,
Et le jardin secret qu'embaument les tilleuls.

C'est là que la bonté de Dieu m'avait fait naître.
Sur le vieux tronc moussu j'étais l'arbre nouveau :
J'avais le droit d'y vivre et d'y mourir seul maître
Et chez moi — mieux que vous à la place Beauveau !

Aussi, quand l'âme jeune et point déçue encore,
J'ai dit au Christ souffrant que je suivais ses pas,
Tout ce que j'ai quitté de printemps et d'aurore,
— Vous avez bien raison, je ne le vendais pas !

Tout ce que j'ai laissé de jeunesse envolée
Tout ce qui s'est éteint de rêve ensoleillé
Dans le suprême adieu de la grande en-allée,
Je ne l'ai pas vendu ; rien ne l'aurait payé !

L'homme ne se vend pas ! — Et c'est vous qui le dites,
Quand tant de vos amis ne font ces lois maudites
Que pour s'être vendus d'avance aux francs-maçons.

…Ainsi l'homme se vend pour les œuvres de haine
Mais ne peut plus à Dieu se donner sans décri !
Les cous se font plier sans honte à votre chaîne,
Mais les fronts rougiraient au joug de Jésus-Christ...

Alors, dites-le donc ; c'est un acte illicite
De semer l'espérance au cœur des souffreteux,
Et de tourner au ciel tous ces regards qu'excite
L'or des heureux du monde étalé devant eux...

Allez donc, étayez brillamment votre thèse,
L'art souverain des mots jamais ne vous manqua
Nul n'exécute avec cette grâce et cette aise
Le voltige du verbe où se plaît l'avocat.

Redites quels périls la mainmorte suscite,
Et dans un siècle où l'homme sait ce qu'il vaut,
Prouvez, le code en main, combien c'est illicite
Que d'être obéissant, pauvre, chaste et dévot !

Parlez d'ordre public et faites-nous défendre
D'associer des droits autres que des gros sous ;
Nous garderons un droit que l'on ne peut pas vendre,
C'est celui de vous plaindre et de prier pour vous.

...Et puis — car la fortune a de ces coups de foudre,
Peut-être que demain, vous n'aurez triste et vieux
Qu'un moine errant qui passe à point pour vous absou-
                                                    [dre.
Avec une humble sœur pour vous fermer les yeux.

Le R. Père supérieur prit la parole. Il me serait difficile de refaire ce discours. Il jaillissait du cœur à flots pressés, précipités. On y sentait l'âme du religieux, du Jésuite, et aussi l'âme du père agrandie par la persécution. Notre Père supérieur est orateur... pas à votre manière, monsieur, mais sa manière est la bonne. Il disait : « Je vous remercie, Monseigneur, je vous remercie, messieurs, de votre présence et de vos paroles. Elles nous honorent, elles nous consoleraient si nous étions dans la peine en même temps que dans l'épreuve. Dieu nous soutient. On est bien entre ses mains divines et on y est sans sollicitude du lendemain.

« Je puis vous donner ce témoignage, mes Révérends Pères, que vous voyant tous les jours, je vous ai vus souvent inquiets pour votre pays, pour vos œuvres, mais jamais pour vous. Nul parmi vous ne sait où il sera demain et nul n'a cherché à le savoir. Non, personne ne m'a interrogé sur cet avenir qui nous menace. Dieu sera là !

« Vos témoignages d'estime et d'affection, messieurs, nous sont infiniment précieux, mais vous n'êtes point seuls à nous les prodiguer. Sous bien des formes, la fête de saint Ignace nous apporte cette année des vœux et des prières qui nous disent combien nos craintes sont partagées par les meilleurs. Je ne trahirai aucun secret, mais il y a dans des familles chrétiennes, des larmes saintes, et, pourquoi ne pas le dire, il y a dans telle et telle communauté religieuse, des sacrifices, des oblations qui plaident notre cause... Il y a la douleur profonde d'une servante inconnue dont l'âme humble et généreuse, depuis quarante ans et plus, a été conduite vers Dieu par la direction de nos Pères. Voilà notre rempart..., il est de ceux que les hommes ne renversent pas... Et quant à ces tristesses données à notre dispersion, si méchants que soient les Jésuites (*sourires*), je n'en connais pas un seul qui voulût en porter le poids sur sa conscience et devant Dieu !

« Cependant, n'exagérons rien. Pour l'un qui s'afflige, un autre se réjouit. Sur le front d'un de mes frères, je vois dans une sérénité plus profonde briller le signe d'un bonheur plus éclatant. La persécution l'envoie à Madagascar, peut-être chez les lépreux. Il se dit que, sans elle, il ne serait point aussi certain de son élection, et pour ce religieux, le pardon des injures a une douceur toute particulière.

« Et nous, messieurs, nous restons, dispersés, mais présents, ne cédant pas une parcelle des droits et des libertés qui nous demeurent. Nous attendons un meilleur avenir, nous le préparerons... Dieu a les siècles. J'espère qu'il nous donnera l'année prochaine... »

J'arrête ici mes citations et mes souvenirs, monsieur le président du Conseil. Permettez-moi une dernière question. Que pensez-vous de gens qui meurent ainsi et que de tels regrets accompagnent dans la tombe ? Serait-ce vous offenser que de vous souhaiter une fin pareille et d'aussi nobles larmes ? La mort dit le secret des cœurs. Celle à laquelle vous nous avez condamnés sans pitié pour la France et sans égard pour la justice, montre de nouveau ce que nous sommes : des serviteurs du pays et de l'Eglise aimés de tous les honnêtes gens.

UN HOMME QUE VOUS AVEZ TUÉ.

LETTRE XIIIme

Et dernière où l'auteur, sur le point de prendre congé
de M. Waldeck-Rousseau, du lecteur et pour ainsi
dire de lui-même, parcourt une dernière fois sa
maison, dresse son inventaire, charge ses malles,
reçoit et dépouille son courrier, s'arrête à une lettre
d'une allure très moderne écrite par un Jésuite déjésuitisé et s'en va vers la solitude en traversant la
ville ; il y rencontre une image de la France désolée.
— Craintes et pressentiments. — Paroles d'adieu.

L..., le 22 septembre 1901.

Monsieur,

C'est donc fini ! J'ai quitté ma maison, j'ai
vu se dissoudre ma famille, je suis parti seul
pour une demeure étrangère où je n'ai rencontré que des visages inconnus. Certes, je n'ai
point à me plaindre de l'accueil que j'ai reçu.
Sur le seuil de l'hospice où je vais vivre désormais la charité m'a salué en me disant : « Nous
nous inclinons pour recevoir la bénédiction de
Jésus-Christ persécuté. » Je n'ai point répondu.
Vous savez à merveille, monsieur, combien
facilement les lèvres sont disertes lorsque les
cœurs sont vides, vous savez moins, sans doute,
combien les bouches aiment le silence lorsque
les âmes débordent.

Depuis quelques semaines, pour nous, aucun
doute n'était plus possible et les choses se sont
faites ainsi qu'il était facile de prévoir qu'elles
se feraient. L'autorisation n'a pas été sollicitée.
Nos supérieurs savaient comme tout le monde
qu'il était dans vos désirs qu'elle fût demandée
et dans votre intention, très nette, qu'elle fût
refusée. Ils se sont enfermés dans le silence
sans craindre qu'on se méprît sur leur pensée
d'ailleurs manifeste. Ils n'ont pas redouté vos
mépris, monsieur, et l'impertinence probable
de vos réponses. Les religieux ne sont pas
atteints par vos injures et depuis longtemps
vous avez perdu le droit de soupçonner de
mensonge, même le dernier des hommes. Nos
chefs ont redouté par une démarche inutile
pour eux de donner une sorte de reconnaissance à une loi qui n'existe que pour déshonorer les familles religieuses.

Ils n'ont pas ignoré la joie profonde que leur
décision pressentie, désirée et toutefois longtemps incertaine mettait dans nos âmes en
deuil. Il nous a paru que l'Église, que le Pape,
que le pays lui-même, celui qui se souviendra,
qui se reprendra un jour, attendait de nous ce
service rendu au droit. L'honneur d'un tel
sacrifice est grand, mais il coûte cher. Voici des
semaines et des mois que j'entends le bruit de

ruines qui tombent sur les cœurs. C'est un professeur qui perd la chaire de son enseignement et les disciples couronne bien-aimée de sa parole ; c'est un jeune docteur qui rapporte de vos examens universitaires d'inutiles diplômes ; ils lui ont demandé des années à conquérir sur la promesse légale que les hautes Facultés lui seraient ouvertes. Vous, monsieur, qui êtes légiste, comment ne voyez-vous pas ici une lésion de la loi ? C'est un malade qui n'aura plus les soins nécessaires à sa santé, c'est un mourant à qui vous ravissez la douceur de la mort, c'est un laborieux qui cherche en vain les outils nécessaires à sa profession ; c'est un citoyen, comme disait notre vieille langue, assis à son foyer aujourd'hui étranger et nomade ; une tristesse remplira désormais ses yeux qui cherchent la vision de choses longtemps vues et aimées. Je connais l'un de ceux-là invité à voir un monument, et comme il sentait toute curiosité éteinte dans son cœur, il répondait : Non, je ne veux plus voir que notre *chez nous*. C'est enfin, pour parler comme l'Évangile, l'ouvrier congédié du chantier et le pasteur qui cherche vainement non pas une seule brebis enfuie mais le bercail ravagé, disparu.

Ces sentiments étaient dans toutes les âmes.

Aussi une sorte de tristesse solennelle a régné sur nos derniers jours. Nous avons souffert, mais entre nous, le public n'a pas entendu nos plaintes, et si quelques-uns parmi nous ont pleuré, il n'a point vu ces larmes. D'ailleurs, s'en serait-il ému? Je ne le crois pas; ses préoccupations ne sont pas aux choses religieuses. Les vacances se terminent, les navires russes sont entrés dans les eaux françaises, de grandes fêtes se préparent. L'esprit public a trop à faire et à regarder pour prêter la moindre attention à l'exode de quelques religieux qui s'exilent de leurs maisons ou de leur patrie. Enfin, et c'est là notre peine la plus profonde, le pays ne s'étonne pas, ne se scandalise pas; l'indifférence s'étend sur toutes les régions d'un cœur trop habitué à l'injustice. Il y a dépression de l'âme française, quelque chose de rompu dans le mouvement du cœur.

Vous triomphez donc, monsieur, et loin de contester votre victoire, pleine, entière, absolue, je viens vous dire comment vous l'avez remportée, sans combattre d'ailleurs, dans le coin obscur où je vivais. Mon récit est celui d'un vaincu qui n'avait pas à prévoir ou à conduire les événements mais qui les a subis. Il ressemble à celui de tel ou tel soldat de la grande armée, qui, le soir venu, après la marche ou après la bataille, se racontait à lui-même en quelques notes rapides ce qu'il avait vu ou ce qu'il avait fait. Nulle prétention à la grande histoire, à la haute philosophie, aucun regard jeté sur l'ensemble des choses, rien que la vie d'un numéro, le mouvement d'une unité. Et cependant l'existence de tous est racontée dans l'existence d'un seul avec un je ne sais quoi de plus intime et de plus sincère. On entend mieux le son d'une âme ; dans ses cahiers sans ordre et parfois sans orthographe, cet humble raconte, mieux qu'un plus illustre, la vie de ses camarades.

. . . .

La dispersion m'a surpris dans la solitude des champs entre les prairies et les bois. J'étais là par ordre supérieur pour prendre un repos *relatif* et réparer l'*irréparable* déclin de la santé. Mais non, il n'était pas irréparable ce déclin. Chaque jour, je retrouvai quelque chose de la vigueur et de la joie des jeunes années. Il fait si bon dans le grand air de la colline et de la forêt, au milieu de ces hêtres, de ces chênes, de ces ormes, de ces frênes qui sont pour moi des compagnons, des amis, des maîtres dont je goûte les leçons silencieuses, de discrets médecins qui guérissent sans parler à la différence d'autres qui parlent sans guérir.

La forêt n'était pas loin, mais le jardin était tout près. Comme étagé sur une sorte de promontoire, il domine la campagne voisine et la ville lointaine. Quels spectacles j'y ai vus du haut d'une terrasse soutenue par d'anciennes murailles, ombragée par de vieux arbres et que je puis bien comparer à une loge magnifique. Tantôt, c'était la splendeur du matin, le soleil roi de la plaine et de la montagne versant l'or et la vie sur la cime des forêts et dans la gloire des grands espaces ; tantôt c'était la douceur du soir. La campagne s'enveloppe d'ombres majestueuses ; le repos et le recueillement des choses semble aussi environner les âmes.

Xavier de Maistre, le doux philosophe, s'est plaint de l'insensibilité de la nature : « Indifférente au sort des individus, elle remet sa robe brillante du printemps et se pare de toute sa beauté autour d'un cimetière. Les arbres se couvrent de feuilles et entrelacent leurs branches ; les oiseaux chantent sous le feuillage ; les mouches bourdonnent parmi les fleurs ; tout respire la joie et la vie dans le séjour de la mort... J'entends le grillon poursuivre gaiement son chant infatigable, caché dans l'herbe qui couvre une tombe silencieuse. La destruction insensible des êtres et tous les malheurs de l'humanité sont comptés pour rien... L'homme n'est qu'un fantôme, une ombre, une vapeur qui se dissipe dans les airs... »

J'ai connu cette insensibilité, cette insouciance de la belle inhumaine. Comme pour irriter mon deuil, dame nature se parait de ses plus beaux atours. Salomon n'était point vêtu aussi magnifiquement que l'herbe des champs et sous les diamants de sa couronne, nulle souveraine n'a le même éclat de richesse qu'une belle journée d'automne.

Toute cette splendeur était voilée à nos yeux durant les dernières heures que j'ai passées ici dans la compagnie de mes frères. Ceux qui n'étaient point encore dispersés, sont montés, mardi dernier, de la ville à la campagne, comme ils le faisaient parfois, en des temps plus heureux, au milieu de leurs courses apostoliques, entre deux missions. C'était la fête de l'esprit et du cœur. Aujourd'hui, le seuil de la maison n'était plus hospitalier. Un écriteau s'y balançait avec ces mots d'aspect peu joyeux :

MAISON A VENDRE

OU A LOUER

Entrée en jouissance immédiate.

Le propriétaire averti de notre départ cherche naturellement locataire ou acheteur. Il sait
bien quand on part, il ne sait pas quand on
revient. Nous étions aussi savants ou aussi
ignorants. La conversation manquait d'entrain.
Un Père venu du centre donnait les premières
nouvelles de l'émigration : celles qu'on attend
et qui surprennent toujours. J'entends encore
cet échange de demandes et de réponses. — Où
est le Père André ? — le Père André est parti
sur la demande d'un haut dignitaire ecclésiastique qui désire le remplacer par un prêtre ori-
ginaire du diocèse. — Le Père Henry ? — Som-
bre, malade. — Comment, lui, si gai, si vivant ?
— Oui, il n'est plus que son ombre. — Le Père
Georges ? — Il compte sur une place de troisième vicaire. — Pardon il n'y compte plus, on
ne peut pas recevoir un ancien Jésuite. — Mais
s'il n'est plus Jésuite, comment le refuse-t-on
comme Jésuite ? — Et le Père Vincent ? — Pré-
cepteur en Angleterre. — Le Père Alöys ? —
Le Père Alöys espérait s'établir en Allemagne,
dans une ville studieuse et poursuivre son grand
travail, il a su que le séjour lui en serait interdit. Les journaux racontent que nos voisins de
l'Est font de ces politesses à nos ministres. —
Et le Père Ludovic ? — Depuis dix jours, le
Père Ludovic a changé quatre fois de maison.

Il dit plaisamment qu'il sait toujours où il ne sera pas demain, c'est où il est aujourd'hui. — Et le Père Charles ? — Je ne sais pas. — Et le Père Octave ? — Je ne sais pas. — Et le Père Antoine ? — Je ne sais pas. — Non seulement les Jésuites se dispersent mais ils se perdent. J'ignore où sont mes meilleurs amis, ils ignorent où je suis. Cette peine, petite ou grande, s'ajoute à plusieurs et je comprends *l'état d'âme* d'un condamné à mort furieux d'être grâcié et de troquer la guillotine contre les travaux perpétuels. Vous ne nous tuez pas complètement, et tout de suite, monsieur, mais votre pitié très relative n'a suscité chez nous aucune reconnaissance.

Cependant perdus, disparus, dispersés, isolés, nous restons sur le sol du pays, nous restons attristés non pas découragés, attachés à nos œuvres anciennes ou nouvelles, les faisant du même cœur ou plutôt d'un cœur que la persécution a élargi. Mon ami, le dévoué et sagace Croisille donne cette louange aux Jésuites et dans son vaillant petit journal que je reçois à l'instant même, j'ai le plaisir de lire les lignes suivantes.

« Les ennemis de l'Église seraient trop satisfaits, si la crainte d'être chassés faisait partir les congréganistes, si le danger futur d'une éventuelle confiscation leur faisait dès maintenant livrer les locaux de leurs œuvres aux liquidateurs, si enfin la crainte légitime de voir leur mission gênée ou entravée, les jetait dans un oisif exil. Les Pères Jésuites avaient une situation particulière ; ils ne pouvaient se faire illusion sur les intentions des législateurs affichées au cours des débats. Ils ont réglé leur attitude en conséquence.

« Tout d'abord, une haute prudence leur a fait abandonner leurs collèges. Les sociétés propriétaires les feront fonctionner sans le concours direct ou indirect des Jésuites. Les novices émigrent à l'étranger, les novices seuls. Ce serait peu connaître le zèle et l'esprit d'apostolat des Jésuites que de les croire capables d'abandonner le terrain. Ils renonceront aux douces habitudes de la vie commune, ils reprendront leur individualisme de citoyens. Ce ne sont pas les moins exilés puisqu'ils sont exilés du foyer religieux. »

Effectivement conditions nouvelles, je m'y suis préparé pendant ces heures suprêmes. Jusqu'à présent, j'avais quitté une maison, non pas la famille. Un sac en lustrine d'abord, ensuite une valise, une malle lorsque les écritures augmentèrent, renfermait tout mon bagage. Cela ne suffit plus et j'apprends pour la première fois combien de choses sont nécessaires à la vie. Je m'en vais avec trois caisses. N'en aurez-vous pas en plus grand nombre, monsieur, lorsque vous quitterez le ministère et serez-vous assez obligeant pour me rendre ma politesse et les ouvrir devant moi ?

Le première caisse, de dimensions modestes, renferme mes hardes.

La seconde, semblable à la première, contient mon ménage. Un détail puéril ; près d'une lampe destinée à mes veilles, j'ai glissé un jeu de dominos utile pour occuper mes récréations solitaires. Les numéros assez forts tiennent les uns sur les autres et j'élèverai des tours qui ne menaceront pas l'État.

Le troisième caisse est la plus importante. Là sont mes livres. J'ai eu la main heureuse. Je n'emporte que de bons auteurs et comme ils sont en petit nombre je ne lirai que de l'excellent.

La Bible.

Saint Thomas, où toutes vos erreurs sont réfutées quelques siècles avant leur naissance ; c'est plaisir de voir le glorieux Dominicain plaider victorieusement contre les païens de ce temps qui prétendaient *autoriser* les religieux.

Mgr Pie, œuvres complètes. Lisez-le, monsieur, lorsque vous aurez besoin de consulter un évêque théologien !

Bossuet, *Bourdaloue*, *de Maistre*, *Louis Veuillot*, tous les quatre fort recherchés et arrivés chez moi à l'état fragmentaire.

Louis *Veuillot* par Eugène *Veuillot* : deux plumes dans le même encrier.

Enfin, j'en ai quelque honte : *Molière*. Comment ce polisson a-t-il été reçu en si honnête compagnie ! Monsieur, il vous doit cet honneur ! Il parle si bien français, il est si clair, si agile. Lorsque par nécessité de métier, j'ai lu quelques discours du Parlement tout gonflé de sottises, tout enflé de prétentions, affreusement vide de raison et d'esprit, je retourne au Comique et je lui dois de ne pas oublier complètement ma pauvre langue maternelle.

C'est tout.

Vous me direz, sans doute, non sans manifester un certain étonnement : Et mes discours ? Oui, monsieur, vous avez raison ; j'ai été assez tenté de les prendre vos discours. Il y a là toute une encyclopédie des erreurs contemporaines, une galerie de vieux mensonges ; un instrument historique qui servira quelque jour à prendre l'étiage des intelligences dans les Chambres françaises que six mois durant vous avez nourries d'insignes pauvretés. Néanmoins j'ai résisté à la tentation. Je me suis représenté que ces idées banales depuis longtemps traînaient partout, vous ne les avez même pas rajeunies. Alors je vous ai laissé ; vous ne serez pas le compagnon de ma solitude.

Mes malles clouées ou ficelées, je comptai mes écus et j'attendis les événements. Ma for^te tune s'élève exactement à la somme de soixante-quatre francs vingt-cinq centimes. Après trente-cinq ans d'études, de travaux parfois pénibles, c'est peu, à cinquante-cinq ans, pour se faire un sort et aborder les difficultés de la vieillesse. Vous penserez comme moi que le fameux milliard dont vous avez parlé à tout le monde et que vous n'avez montré à personne s'est évanoui en se divisant. Cependant je n'ai fait aucune dépense excessive, je n'ai contracté aucune de ces dettes criardes que vous reprocheriez fort justement à plusieurs de vos collègues. Je ne suis pas l'un de ces soixante-dix législateurs qui ne touchent pas l'indemnité versée aux députés et sénateurs, parce que leurs créanciers ont obtenu saisie de leur traitement. Les mauvaises langues ont bien dit que ces messieurs comptaient un peu sur nous pour refaire leur fortune et loger autre chose que le diable dans leur bourse. A leur grande surprise peut-être, nous n'avons pas acheté leurs consciences et leurs votes, et je croirais volontiers que vous connaissez mieux que moi le cours de ce marché.

L'histoire n'aime pas les généralités. Petite ou grande elle cherche un signe, un symbole, quelque chose qui parle aux yeux, un clou où s'accroche le souvenir. Avec Henri IV, elle se couvre d'un casque au panache blanc ; avec Louis XIV, elle entre au parlement bottée en chasse et la cravache à la main ; elle gravit les marches de l'échafaud et du Ciel avec Louis XVI fils de saint Louis ; elle prend un fiacre avec Louis-Philippe, fils de Philippe-Égalité. Les derniers événements de ma vie de Jésuite se soumirent modestement à cette loi ou à ce besoin de l'histoire ; ils prirent une charrette et un baudet

« L'âne vint à son tour »

à l'heure assignée, les trois caisses furent placées sur le petit véhicule, et comme le chemin est montant, malaisé, comme il manque six forts chevaux à mon coche, je partis pédestrement pour faire les douze kilomètres qui séparent X. de Z.

Le départ manqua de solennité mais non pas d'émotion. Un petit vacher qui passait d'aventure et conduisait nos deux *anciennes* vaches à la prairie se moucha fortement d'une façon encore primitive, mais qui me toucha. C'était sa manière d'essuyer ses larmes. Vos gestes sont plus élégants mais je préfère le sien. Berger pour berger ou vacher pour vacher, je pense qu'il fait son métier plus honnêtement que vous, monsieur, qui avez trouvé, comme dit le prophète, une si bonne vache à lait dans le pauvre peuple de France, « *in vaccis populorum* ». Nous avions comme portier un tailleur qui gardait mal sa porte et comme tailleur un portier qui coupait mal nos habits. C'est un pauvre homme qui est ou plutôt qui était chez nous par la bonne raison qu'il faut bien qu'il soit quelque part et aussi parce que notre âme au fond est bonne et patiente. Jadis Espagnol et aujourd'hui francisé, il a eu le temps d'oublier la langue de son pays d'origine, mais il n'a pas eu le temps d'apprendre la langue de son pays d'adoption. J'avais quelque peine à le comprendre ; les signes vinrent au secours. Mon homme me présentait une bourse et sept cent cinquante francs qui représentent l'héritage que les notaires lui ont envoyé récemment d'un vieux frère décédé de l'autre côté des Pyrénées. C'est toute sa fortune, il me l'offrait en me demandant de me suivre, sans même savoir où j'allais. Certains députés auraient accepté tout de suite, n'est-il pas vrai, monsieur? moi je refusai et mon portier-tailleur cherche une auberge où dépensant de quinze à dix-huit sols par jour, il attendra la fin de la persécution. Il espère revenir sans avoir trop entamé son magot. Tromperez-vous son attente, monsieur, et n'aurez-vous jamais pitié de ces petites gens plus ou moins blessées ou vaincues dans l'existence, qui vivotent à l'ombre des maisons religieuses ? Ces innocents, ces débiles sont les plus frappés.

Notre jardinier est aussi un de ceux-là. Ces simples qui nous connaissent n'arrivent pas à concevoir la pensée du gouvernement ; elle est pour leur esprit un douloureux mystère. Lui s'était accroché à un suprême espoir, la visite du Tsar. Notre ami, notre allié ne se déplaçait que pour remettre toutes choses en ordre. Ne veut-il pas que tous les bons Français vivent en bons amis ?

C'est tout à fait l'opinion du facteur qui survient en ce moment et pour la dernière fois me remet les lettres et les journaux. Il y a une lettre d'un vieil ami au cœur d'or, d'un vaillant que le découragement n'entame pas. Entrant dans vos intentions, monsieur, ne pouvant se *déprêtriser*, il s'est du moins *déjésuitisé* dans la mesure du possible. Il a sécularisé sa personne et laïcisé son style. Quelques expressions un peu nouvelles vous surprendront peut-être, mais qu'importe si elles donnent plus de relief à la pensée, si grâce à elles vous comprenez que votre guerre impie n'est pas terminée... Elle recommence.

Veuillez lire avec moi.

2\ Fructidor an CXIII

« Citoyen !

« Salut et fraternité... ou la mort.

« La chapelle s'est fermée, le forum s'est ouvert.

« La chapelle était petite, le forum est vaste.

« Je suis rentré dans la possession de tous les droits garantis aux Français qui ne sont pas ou qui ne sont plus religieux par la constitution intangible, impérissable, et j'use de la liberté pour conquérir la liberté.

« Indépendant et solitaire je ne compromets que moi.

« Voici mes projets :

« Je fonde un journal : organe catholique, national, populaire, politique, économique et littéraire.

« Si l'on me dit que c'est beaucoup pour un seul journal, je répondrai que nous fonderons plusieurs journaux.

« Je fais miennes les paroles que j'ai lues ce matin.

« Ce qu'il faut faire ?

« Mais c'est clair comme le jour, et il faut

être aveugle pour ne pas le voir : avoir une
presse à la hauteur de la presse ennemie, capable de la démonter et de l'obliger à se taire.

« Autrement vous ne ferez rien.

« C'est la presse qui mène les élections.

« C'est la presse qui forme l'opinion.

« C'est la presse qui conquiert le pouvoir.

« Il n'y pas à hésiter : Il faut choisir,

« La Presse ou la Mort. »

« J'ai choisi la presse. Je me suis entouré de
jeunes talents, alertes, vigoureux, dévoués.
L'entente est facile ; le programme est rédigé.

« Oubli des anciennes querelles. Pas de dis-
pute de mots ou de noms. Des choses, des
actes. Qui aime la France nous aime, est avec
nous.

« Pas de guerre de race ou de religion. Nous
tolérons les étrangers à condition qu'ils res-
pectent les citoyens.

« La parole écrite ne suffit pas, nous aurons
la parole parlée.

« Après et avec le journal, la conférence.

« Nos rédacteurs sont en même temps orateurs. Ils savent que le peuple est à celui qui
lui parle plus encore qu'à celui qui lui écrit.

« Il lit difficilement un livre, il écoute volontiers un discours.

« Les idées sont là toutes prêtes à germer, si une main généreuse les jette dans le sillon :

« *La terre française.*
« *Les libertés inviolables.*
« *L'armée nationale.*
« *L'œuvre criminelle du Parlement.*
« *Les blessures faites au pays.*
« *Arrogance maçonnique et judaïque.*
« *La fortune des Congrégations.*
« *Notre programme et notre drapeau.*

« Tels sont nos sujets, j'en passe et des meilleurs...

« Journalistes ou conférenciers, nous préparons les élections capitales de mai 1902. Tout le monde en comprend l'importance. C'est un atout dans notre jeu. Les candidats ont plus manqué aux électeurs que les électeurs aux candidats. Nous suscitons des candidatures appuyées sur un comité largement ouvert, fortement organisé. Nous ne voulons d'aucune parole vague ou insincère.

« Après les promesses nous demandons des actes.

« Les élections passent, les électeurs restent et il est urgent de répondre à de légitimes réclamations.

« J'inscris en tête de nos demandes :

« Liberté entière du jour dominical, le jour
de Dieu, le jour du peuple, interdiction de tout
travail qui n'est point strictement nécessaire.

« Défense de l'épargne nationale et populaire.

« Libertés municipales. Pratique du *referendum*.

« Les pères de famille appelés à élire les
instituteurs de leurs enfants. Suppression du
budget de l'instruction publique. Primes dé-
cernées aux meilleurs.

« Et puis reprise contre le péril de l'anarchie
et les mensonges du socialisme d'un mouvement vraiment catholique et populaire. J'en
indique à peine les grandes lignes :

« Défendre la famille.

« Créer le patrimoine corporatif.

« Protéger la société en protégeant la propriété, la rendre accessible à l'élite des laborieux.

« Syndicats industriels et agricoles.

« Quel vaste champ nous est ouvert ! J'ai la
certitude que nous y serons suivis par tous les
honnêtes gens.

« Une bataille est perdue, c'est vrai, mais
nous avons le temps d'en regagner d'autres. A
l'œuvre !

« Si tu le veux, citoyen, nous nous rencontrerons au prochain *decadi*, sur la route nationale n° 19, vers les deux heures, en face du cabaret *A l'Espérance* et nous aviserons, en dehors de toute association illicite, à jeter les bases d'une association politique, économique, littéraire ou gastronomique. Ça m'est égal, mais je veux être associé.

« Nous ne ferons rien que d'ultra-légal. Nous n'avons rien à craindre, la Constitution est avec nous.

« Je ne redoute qu'une chose, c'est de rentrer dans mon couvent. Après quelques mois du plein exercice de ma liberté, un ministre du prochain avenir, un Waldeck II quelconque, plus habile que Waldeck I, m'obligera par la force des baïonnettes à réintégrer mon ancien domicile racheté sur les deniers publics. Je crois l'entendre s'écrier : « Les Jésuites ne sont « bien que chez eux. Surveillés étroitement « par leurs Supérieurs, se surveillant eux-« mêmes plus étroitement encore, anémiés par « la crainte continuelle de se compromettre « et de compromettre leur ordre, sans contact « avec l'âme populaire, ils n'étaient guère « redoutables. Je demande à ce qu'ils soient « publiquement, officiellement reconnus, que « leur institut soit déclaré d'urgence utile à « l'État, que les gendarmes soient mis à la

« disposition des municipalités, dans les villes
« où ils avaient soit un collège, soit une ré-
« sidence, afin de les obliger à la vie com-
« mune. Que tous leurs professeurs ensei-
« gnent, que tous leurs prédicateurs prêchent,
« que tous leurs écrivains composent de bons
« petits livres de dévotion, que tous les Su-
« périeurs administrent. Le salut est à ce
« prix. » Nous n'avons pas un jour à perdre si
si nous voulons réparer l'insigne maladresse
de M. Waldeck-Rousseau et de la précédente
législature.

« Si tu penses comme moi, fais comme moi. »

« VALE. »

Eh bien ! monsieur Waldeck, êtes-vous toujours aussi certain de votre triomphe ? Est-ce
que cet excellent Père X..., je veux dire ce
généreux citoyen, ne vous inspirerait pas
aussi quelques inquiétudes ? Pour moi, je fus
très content de sa lettre, elle m'apportait un
rayon de soleil qui perça les nuages de la
matinée. Je descendis vers la ville, que je
devais d'abord traverser, en caressant l'agréable pensée de reprendre l'éternel combat avec
un outillage meilleur. J'entendis moins le grin-
cement de la porte qui se fermait sur mes pas
et en même temps sur mon passé, sur les sou-

venirs de vie religieuse. On n'a pas le temps, on n'avait pas le temps de pleurer chez nous. C'est un loisir qui me manquera toujours. Chemin faisant, avec le courrier que j'achève de dépouiller, je ne recueille que de mauvaises nouvelles qui me disent combien presse le travail.

M. Tavernier, dans un article comme il sait les écrire, vigoureux et précis, juge que les choses se gâtent en Orient.

« Dans le Levant, en Turquie et en Égypte, l'esprit musulman s'est réveillé comme à l'approche d'une ère qui lui apporterait la revanche longtemps attendue. Les journaux arabes ont commenté les mesures et les discours qui menaçaient les Congrégations ; et le peuple de Mahomet a frémi d'une joyeuse surprise en apprenant cette invraisemblable nouvelle : le gouvernement français entrait lui aussi en lutte avec les moines et les Sœurs qui ont envahi le sol sacré de l'Islam ! La vieille haine s'est sentie rajeunie. Nos prêtres qui vivent parmi les Orientaux circulent au milieu de railleries et de menaces. On leur sert en arabe le résumé de harangues prononcées devant la Chambre française, applaudies et affichées. »

La finance est inquiète. Le contribuable paie
énormément. M. Bouvatier l'avertit qu'il paie-
ra beaucoup plus.

« Les recettes budgétaires des huit derniers
mois écoulés présentent une moins-value de
68 millions de francs, en chiffres ronds, par
rapport aux évaluations prévues par le gouvernement.

« On a beau prétendre que les aventures de la
politique ministérielle, ses persécutions des
bons citoyens, ses faveurs et ses faiblesses à
l'égard des révolutionnaires, les grèves qu'elle
suscite, les menaces à la fortune privée que
renferment ses projets de loi, tous les préli-
minaires évidents d'un bouleversement social
sont sans influence sur la fortune publique, et
que les affaires marchent aussi bien que précé-
demment.

« Le démenti ne se fait pas attendre. Il est
encore dans le produit des huit mois écoulés
de 1901 qui se chiffre par une diminution de
115 millions par rapport au recouvrement de
la période correspondante de 1900. »

Et ce n'est qu'un tout petit commencement.
Que sera-ce quand il sera nécessaire de répar-
tir des impôts plus lourds sur des contribuables
moins nombreux, puisque les moines seront

partis et que en maints endroits il faudra payer très cher une besogne que les religieux faisaient très bien et pour rien du tout.

La Belgique se frotte les mains. Elle, pas bête, fait observer un journal de Bruxelles !

« Même pour des bourgeois libéraux, c'est une excellente « affaire » que l'établissement de religieux français en Belgique.

« Grâce à leur arrivée, quantité de vastes immeubles inoccupés trouvent acheteurs ou locataires.

« Les commerçants belges, sans distinction de parti, voient s'augmenter la somme des consommateurs. L'immigration de communautés françaises, c'est en somme de l'argent français qui entre en Belgique pour l'enrichissement des commerçants, des agriculteurs et des industriels. »

Les Belges ont raison de dire comme leurs voisins les Hollandais : « La mort de *l'un, c'est le pain de l'autre*. » Malheureusement de ce pain c'est nous qui payons la farine.

Croisille est tout à fait réjouissant aujourd'hui avec sa série de briseurs de croix. Si encore ils ne faisaient que les briser !

« Dans la commune de P.-de-M. règne une

profonde émotion : deux croix sont abattues, deux calvaires sont détruits, une chapelle du cimetière a été pillée.

« A X..., une croix a été enlevée, le Christ a disparu.

« A S..., on a veillé toute la nuit pour empêcher les malfaiteurs de se livrer aux mêmes exploits.

« A C.-s.-M., à F.-E., même vandalisme, mêmes infamies. »

. . . .

Le Maître a dit à ses disciples qu'ils n'étaient pas au-dessus de Lui et les disciples répondent à leur tour que Lui aussi partage leur fortune.

Malgré l'éclat des fêtes navales et militaires à Dunkerque et à Reims, on entend du côté de l'armée un mauvais son de cloche. Un journal local groupe quelques incidents survenus pendant la dernière semaine des grandes manœuvres :

« A Montchanin, en Saône-et-Loire, une cinquantaine de réservistes ont entouré des gendarmes, les menaçant de leurs baïonnettes ! Ils ont ensuite regagné le quartier en hurlant la *Carmagnole* et en criant : « Mort aux vaches ! Vive André ! »

Dans l'Ouest, des officiers se sont vu refuser le salut !

« A Chartres, un bataillon de réservistes du 101ᵉ de ligne, furieux d'être surpris par l'orage au cours d'une marche, entonne la *Carmagnole* et l'*Internationale* et les hommes se mettent à crier : « A bas l'armée ! A l'eau ! »

« A Beauzac, dans la Haute-Loire, tout un bataillon du 38ᵉ de ligne s'est refusé à marcher « parce qu'il pleuvait ». Les soldats ont levé la crosse en l'air et, après avoir sourdement murmuré contre le colonel d'Aubigny, ils ont entonné la *Carmagnole*. »

Une feuille officieuse, chère au citoyen Millerand, rend compte en ces termes de cette abominable rébellion :

« ... Le citoyen, l'être humain vibrant et révolté a dominé la bête passive et soumise. C'est la *Carmagnole* qui retentit dans l'air humide, sortant des poitrines de prolétaires harassés.

« On s'encourage, on s'enhardit, et les plus timorés deviennent les plus menaçants. La colère a bravé les fatigues et bravé le code de meurtre. Livide, M. le marquis ne trouve plus autour de lui que poings tendus et visages menaçants. Paysans, ouvriers, employés, jeunes conscrits et réservistes sont unis dans la révolte, contre ce tueur d'hommes. »

M. le marquis, c'est le colonel du régiment...

En temps normal, ces mutineries, ces polissonneries resteraient des mutineries, des polissonneries ; elles ont aujourd'hui un caractère plus grave. Les insulteurs et les indisciplinés, en s'insurgeant contre la Croix ou contre le drapeau, se réclament des hommes au pouvoir et nous voyons cette chose invraisemblable, le désordre qui s'appuie sur la règle, la haine et la révolte qui en appellent à l'autorité plus factieuse qu'elles-mêmes. Ces deux cris : « A bas l'armée », « Vive le ministre de la guerre » ont absolument le même sens et les gredins qui salissent un crucifix sont convaincus qu'ils font une action agréable à M. le président du Conseil, protecteur-né de la Religion.

Pauvre France !

Avant de quitter la ville, par un hasard de la route, j'ai rencontré comme une image désolée de la patrie. Une femme du peuple, en habits de travail, arrêtée devant la vitrine d'un libraire, lisait lentement, pieusement, devrais-je dire, un article de journal. De temps à autre, du revers de son tablier, elle s'essuyait les yeux, puis reprenait sa lecture. Rédigée à coups de télégrammes, la feuille locale, sans commentaires aucuns, annonçait le départ de plusieurs familles religieuses.

« Les Carmes et les Carmélites quittent Montélimar.

« Les Pères de Pontigny s'en vont.

« Les Cisterciens de Saint-Honorat se rendent près de Genève.

« Les Rédemptoristes ont acheté une propriété dans les environs d'Ypres... »

La liste continuait ainsi, très longue et très douloureuse dans son laconisme, la pauvre femme la parcourut tout entière ; elle s'éloigna sans rien dire, sans rien voir, en murmurant sa douleur comme une prière : *Seigneur Jésus, c'est fini de nous.*

Elle a raison. C'est la fin qui commence. Aucun pays ne résisterait à des blessures si cruelles faites à la justice et à la religion ; moins encore que tout autre, notre pays ; il ne peut pas être sans être catholique. C'est la leçon que vous crie toute son histoire. Quel homme êtes-vous, monsieur, si vous ne l'entendez pas, ou si l'ayant entendue vous n'en avez souci ? A mesure qu'elle s'éloigne de l'Église, d'une glorieuse et filiale servitude, la

France descend plus profondément dans l'es-
clavage de la Maçonnerie, elle donne une réalité nouvelle et plus amère à cette page de
l'Évangile où le Christ qui nous a tant aimés
a raconté, pour les peuples aussi bien que pour
les hommes, les hontes et les amertumes des
prodigues qui se séparent de Lui.

Vous préparez cette apostasie et aussi ces
funérailles froidement, sans passion, sans
colère, avec une apparente modération et
même une certaine élégance. Quelqu'un qui
avait lu une lettre où je vous compare à un
dompteur au milieu des fauves m'a dit : Ce
n'est pas cela. M. Waldeck est un charmeur. Je
ne vous ai jamais vu, monsieur, mais je crois
volontiers que ce critique a raison. Nos pires
persécuteurs furent souvent des artistes, des
esthètes comme ils s'appelaient, ils pronon-
çaient leurs odieux discours sans enfler la voix
et sans perdre la grâce de leur sourire. Ouvriers
d'iniquité, ils avaient des scrupules légaux
comme les Pharisiens leurs ancêtres. Ils voulaient bien condamner et crucifier le Juste,
mais ils se scandalisaient fort que ce Juste, un
jour de sabbat, eût dit à un infirme : *Levez-vous,
vos péchés vous sont remis.*

Vous me paraissez, monsieur, avoir des
traits de famille avec ces gens-là, lorsque, par

exemple, vous recevez Mgr l'évêque de Gre-
noble, conduit chez vous (dois-je dire au pied
de votre trône), par la douleur de son diocèse
et l'émotion de tout le Dauphiné, menacés de
perdre avec les Chartreux ses insignes bienfai-
teurs. Il est facile de vous entendre, même à
la grande distance où je suis de vous, d'après
les racontars des journaux : « Mais certainement, monseigneur, il y a une situation très
particulière... Une *espèce* sur laquelle vous
avez mille fois raison d'attirer mon attention...
L'autorisation royale de 1816 ne me paraîtrait
pas néanmoins très suffisante... Je suis gêné
par un avis du Conseil d'État... Priez donc ces
messieurs de m'envoyer leurs statuts et la règle
de saint Bruno... Je les ferai examiner... Et
avec quelques modifications, je ne désespère
pas... Ah ! encore une recommandation... Dites
au Supérieur de ne pas manquer de doigté...
Du tact, monseigneur, du tact... Tout est
là !... »

Et vous dites ces choses énormes avec une
conscience tranquille, sans vous douter de leur
inouïsme, cherchant une épingle et ne voyant
pas une colonne. L'épingle, c'est un texte du
Conseil d'État dont je n'ai que faire ; la colonne,
c'est le *Droit* que les Chartreux ont, comme
tous les hommes, de vivre dans leur désert,

en s'associant pour mieux obéir à l'Évangile...

Plus je vous regarde, plus il me semble que je vous reconnais. Très certainement je vous ai rencontré dans l'histoire... M'y voici. Vous y avez un sosie, un autre vous-même, et c'est Pombal, ministre de Joseph Ier, roi très fidèle. Ce méchant homme, je parle du ministre, conçut une haine effroyable contre la Compapagnie de Jésus parce qu'il la croyait, très justement d'ailleurs, fort opposée à ses desseins avérés de protestantiser le Portugal. Il mettait les Jésuites dans tous les complots et dans tous les assassinats. Rien n'était plus facile pour lui, car les prétendus assassinés étaient ses serviteurs et il connaissait d'autant mieux les complots qu'il était seul à les concevoir. Pas d'autre agité que cet agitateur. Il n'en réussissait que mieux dans son entreprise. Rencontrait-il une velléité de résistance, il faisait à son malheureux souverain une peur de tous les diables. Les signatures nécessaires étaient ainsi extorquées, et, au jour dit, les marins et les soldats du Portugal s'emparant de tous les Jésuites de la métropole et des colonies les enfermaient dans les prisons et dans les navires devenus autant de cachots. Ce fut leur dernier exploit. La gloire de la péninsule Ibérique, depuis longtemps sur son déclin, s'éteignit sans plus jeter aucun éclat. L'empire colonial se meurt et la maison de Bragance n'est désormais sur le trône de Lisbonne que la vassale de l'Angleterre.

Plus tard, soixante ans après la destruction de la Compagnie de Jésus, deux Jésuites français furent rappelés en Portugal. Leur première messe fut dite sur un autel presque ruiné, en face d'un cercueil qui attendait sa sépulture. Dans ce cercueil, Pombal était enfermé, et sa petite-fille, en grand deuil, demandait aux Pères de dire les suprêmes prières sur les restes de leur ennemi. Ce fut leur vengeance. En même temps, cette noble dame priait les Pères d'élever ses fils dans la foi catholique. C'était la réparation.

Permettez-moi, monsieur, de trouver dans ce souvenir un présage, un espoir. Les religieux reviendront libres sur le sol de France, qui ne leur sera pas toujours inhospitalier. Je souhaite à l'un de nos successeurs de prier sur votre sépulture ouverte en terre chrétienne, en demandant pour votre âme un repos que vous nous avez ravi.

Adieu, monsieur.

LETTRE XIVme

Et posthume. — L'auteur ayant reçu dans son tombeau
les discours que M. Waldeck-Rousseau a réunis en
les faisant précéder d'une préface, tombe dans un
grand étonnement ; il fait remarquer à son corres-
pondant combien sont outrés les éloges que M. Waldeck décerne à M. Rousseau sous le voile léger d'un
anonyme, et combien imméritées les injures que,
sans voile aucun, M. le Président du Conseil réédite
contre les religieux.

O..., le 5 octobre 1901.

Monsieur,

J'étais donc mort, tué par vous, et voici que
vous me faites rire dans mon tombeau. Je ne
sais comment la chose se fit : espièglerie d'un
diable mutin ou délicatesse d'une bonne âme,
les discours que vous avez prononcés contre
les *Congrégations*, réunis en un livre assez honnête par son volume, — il n'a point d'autre
probité, — me sont parvenus ce matin. Je me
suis arrêté à la préface ; elle est du plus haut
comique. Placée en tête des dernières œuvres
oratoires (?) de M. Waldeck-Rousseau, elle est
consacrée à la personne de M. Waldeck-Rous-

seau et due à la plume de M. Waldeck-Rousseau. Pendez-moi, monsieur, si je me trompe. Seul M. Waldeck-Rousseau est capable de découvrir tant de mérite à M. Waldeck-Rousseau. Je voudrais savoir quelle différence il met entre l'annotateur anonyme qui prend la responsabilité de cette fameuse préface... et lui. Tout ce que je puis vous concéder, — et encore est-ce beaucoup, — c'est que l'annotateur a écrit sous votre dictée. C'est si bien votre style et votre genre. On vous reconnaît tout de suite à une certaine fluidité et abondance funeste de la parole, à une habituelle lourdeur de l'expression rarement heureuse, souvent injuste, à une constante contradiction qui heurte parfois jusqu'aux deux membres d'une même phrase, et par-dessus tout à un air de pharisien content. Le Pharisien condamne son frère sur des motifs iniques, en se disant à soi-même des choses aimables et en se louant beaucoup de sa passion pour la justice. Comme c'est bien vous ! monsieur.

Un argument me suffirait : cette seule idée d'assembler vos monstrueux discours ! Puisque vous avez eu le malheur de les prononcer, vous n'aviez qu'à demander à la pitié de Dieu et à la pitié des hommes un éternel oubli ! Mais quelle idée étrange de vous inviter au repentir !

vous êtes tout entier à l'admiration de vous-même, de vous seul, et votre annotateur n'est qu'un serviteur qui vous présente le miroir. Prêtons l'oreille à vos cris d'enthousiasme.

M. Waldeck-Rousseau *étudie avec éloquence la question si simple et si complexe des congrégations aux points de vue juridique, historique, politique.*

Il n'y a que vous, Monsieur, pour écrire avec cette grâce légère. Ah! violette, violette, ne répandez pas votre parfum, si vous ne voulez pas être trahie. Continuons.

M. Waldeck-Rousseau donne *l'exposé savant et précis du grand problème social qui trouble le monde moderne.* Tout le monde moderne a reconnu que l'existence de quelques moines est ce qui le trouble si fort. Fermez quelques couvents et les choses se mettront d'elles-mêmes en place. Le *penseur* en vous vaut le lettré.

Les esprits avertis — cet « avertis » est impayable et il montre combien l'avertissement est nécessaire, — *les esprits avertis et clairvoyants ne découvriront* en M. Waldeck-Rousseau, *les traces d'aucune passion, hormis celle du droit et de la liberté.*

Une chose les frappera (les esprits avertis et clairvoyants), *l'inébranlable fidélité de M. Waldeck-Rousseau.* Il descend dans une *longue* retraite, il remonte au pouvoir, la même passion exclusive lui est restée attachée... et aussi, monsieur, la même élégance de style.

Seul, plus fort que tous ses prédécesseurs, M. Waldeck-Rousseau *règle sans plus de retard l'intolérable situation à laquelle aucun ministère n'avait eu jusque-là le temps, la volonté ou l'énergie de remédier.*

La France assourdie par les promesses fallacieuses de quelques grossiers imposteurs.

Ah ! qu'en termes galants ces choses-là sont dites.

La France allait être la proie de moines ligueurs et de moines d'affaires. Heureusement M. Waldeck-Rousseau survint *et toute la France libérale avec lui.* Elle et lui vont-ils imaginer un régime de persécution ? Non certes : *Ni le libéralisme de M. Waldeck-Rousseau, ni l'esprit de tolérance qui le guide ne se fussent pliés à ce genre de rigueurs.* Le penseur, le lettré sont égaux chez vous mais le libéral l'emporte.

M. Waldeck-Rousseau *est trop respectueux des droits de la conscience, il est trop fermement individualiste, il ne songea pas un instant à troubler les convictions religieuses de personne.* Le saint homme !

Seulement partisan de l'association, *il veut*

surtout qu'on respecte cette association supérieure qu'on appelle l'État.

Dédaignant tout commentaire de sa parole ou de sa pensée (alors pourquoi cette préface ?) *M. Waldeck-Rousseau ne veut que rappeler l'énergie dont il fit preuve devant les Chambres...*

Pendant six mois, M. Waldeck-Rousseau resta sur la brèche. Chaque jour, il défendit son œuvre avec cette éloquence directe (?), *précise* (!) *et persuasive* (!) *qui lui a conquis tous les suffrages.* Tous ? est-ce assez dire ?

C'est pourquoi la majorité de la Chambre et du Sénat le soutint de ses votes et de ses applaudissements.

Ainsi donc, Monsieur, votre éloquence *directe, précise* et *persuasive* a fait ce que personne ne pouvait faire : la majorité dans les deux Chambres.

Quelques-uns ont bien parlé de passions sectaires...

Erreur. Il n'y a eu pour remporter la victoire que l'éloquence *directe* de M. Waldeck-Rousseau.

D'autres ont montré les agissements de la Maçonnerie obligeant le pouvoir à marcher contre les religieux.

Seconde erreur. Les Francs-maçons ne sont

que des petits saints Jean... Seule l'éloquence *précise* de M. Waldeck-Rousseau est entrée en campagne.

D'autres encore pensaient que plusieurs députés et sénateurs s'étaient laissé convaincre par certains arguments qui ont cours à la banque.

Monstrueuse erreur ! L'éloquence *persuasive* de M. Waldeck-Rousseau a seule conquis tous les suffrages.

Quant aux applaudissements des sénateurs et des députés, ils seront, comme vous voudrez, votre récompense ou votre châtiment.

. . . .

Vous êtes prodigue de louanges en ce qui vous concerne, vous êtes presque aussi prodigue d'insultes en ce qui concerne vos victimes. Une fois encore vous avez résumé vos griefs contre les ordres religieux et les voici : je ne connais pas de paroles qui vous accablent davantage, et elles sont de vous ! Quelle justice vengeresse vous obligeait donc à vous découvrir et à vous punir ainsi ? Quel avocat plaiderait aussi victorieusement contre vous, que vous-même.

Premier grief. — *Le nombre des congrégations non autorisées augmentait dans des proportions effrayantes. En moins de vingt-cinq ans, de 1877 à 1900, le chiffre des religieuses*

*non autorisées passait de 14.000 à 75.000,
alors que celui des religieuses autorisées tom-
de 113.750 à 54.904.*

Acceptons vos chiffres. Il en ressort cette conclusion évidente et frappante que le régime de
liberté et de droit commun est préférable pour
les Congrégations au régime de privilège et
d'autorisation. Vos prétendues faveurs les
tuent ; est-ce pour cela que vous voulez les
imposer et aussi afin de vous plaindre, comme
vous dites encore : *de l'intransigeance de quelques autres qui les voulaient supprimer toutes
(les congrégations) et d'un seul coup ?...* Vous,
au contraire, préférez les supprimer en plusieurs coups. C'est très clair sinon très loyal.

Second grief.— *Que dire de la mainmorte ?...
L'on constate avec effroi que les biens immobi-
liers des congrégations atteignent la valeur
d'un milliard.*

Mais on vous l'a dit cent fois. Qui a fait cette
constatation ? C'est vous, sur des chiffres four-
nis par vous, constatés par vous, parfois inven-
tés par vous. Pour avoir ce milliard vous
additionnez les biens que possèdent les congrégations et les biens qu'elles ne possèdent
pas ; les immeubles dont elles sont locataires
vont avec ceux dont elles sont propriétaires ;
vous ne tenez aucun compte des charges, des

dettes, des hypothèques et des services ; vous regardez comme une maison de rapports et de revenus, une maison de charité et de dépense. Où est la richesse des Petites-Sœurs des Pau-vres, lorsqu'elles possèdent un asile que vous évaluez à 500.000 francs ? Votre fiction légale conclut : c'est un revenu de 25.000 francs, et la réalité vous crie : Non, c'est une nécessité de trouver au jour le jour, année par année, en quêtant, en mendiant, en ramassant quelques reliefs, en *rafistolant* quelques vieux habits, beaucoup plus de 25.000 francs pour nourrir et vêtir 200 vieillards.

Et c'est avec *effroi,* dites-vous, que vous voyez ce milliard, par vous frauduleusement enflé, se diviser entre 190.000 religieux et reli-gieuses du meilleur sang de France tandis que vous voyez sans sourciller trois milliards se réunir entre les mains d'un seul homme étran-ger, pour ne pas dire hostile, à la religion et aux traditions du pays ! Un juif — l'un de vos amis — possède ce qui suffirait à la fortune de 500.000 congréganistes. Et ce sont les congré-ganistes que vous accusez de violer le vœu de pauvreté, comme si le vœu de pauvreté exi-geait que les religieux, sortant de la condition humaine, n'aient ni toit pour se couvrir, ni laine pour se vêtir, ni pain pour se nourrir.

Mais vous accusez moins nos richesses que l'emploi de nos richesses.

Troisième grief.— *Ces richesses colossales, à quoi donc serviront-elles ?* Mais, monsieur, elles serviront dans l'avenir comme elles ont servi dans le passé, à soutenir l'effort immense de l'apostolat et de la charité. Vous n'en croyez rien, vous feignez de n'en rien croire et à cet argent sacré vous assignez une tout autre destination : *Par la prédication, par l'enseignement, par la presse, par tous les moyens de propagande et d'embauchage qu'un pouvoir occulte aidé d'une énorme fortune met aux mains des ambitieux, le parti clérical projetait de conquérir la suprématie dans l'État.* Eh ! monsieur, est-ce que vous n'auriez pas aussi projeté, *au sortir de votre longue retraite,* de conquérir la suprématie dans l'Etat ? Serait-ce pour nous crime de faire ce que vous faites, s'il nous plaisait d'aspirer aux mêmes conquêtes ? Passons. *On le vit* (le parti clérical) *s'essayer à réduire le suffrage universel, favoriser toutes les compromissions électorales.* Lors même que le parti clérical ou monacal ferait tout cela, il ne sortirait pas de son droit. Depuis quand est-il défendu de solliciter le vote des électeurs, de conclure des alliances en vue des élections et pourquoi vos gestes deviennent-ils délits, en passant de vous à nous ?

Mais voici le péché sans rémission.

Mieux encore, on le surprit — toujours ce fameux parti clérical — *attentif à suivre l'agitation de la rue, souriant à la violence, stimulant les milices des conspirateurs, tout prêt* PEUT-ÊTRE *à soutenir l'émeute par ses revenus, car ses agents conservaient par devers eux aux jours troublés de Paris, des quantités de ces rouleaux d'écus et de sous dont le cardinal de Retz se vantait de savoir faire un si généreux usage chaque fois qu'il rêvait de fonder et d'ébranler le pouvoir.*

Revenons sur tout ceci pour mettre un peu d'ordre dans vos discours et dans les miens.

Tout d'abord je me récrie sur l'admirable énergie de la conscience humaine qui, même chez vous, ne consent pas à mourir. Elle n'a dit qu'un mot, un tout petit mot dans ce fatras, mais qui suffit à le pulvériser. C'est un délicieux *peut-être* qui *peut-être* s'est glissé à votre insu. Le parti clérical, dites-vous, était *peut-être* prêt à soutenir l'émeute. Que ce *peut-être* est donc ineffable, que ce *peut-être* en dit plus qu'il n'est gros ; on entend et on sous-entend dans votre *peut-être* un million de choses les plus jolies du monde. Que je vous sais bon gré d'avoir dit ce *peut-être...* Mais vous-même, monsieur, vous-même,

Avez-vous compris, vous, toute son énergie ?
Songiez-vous bien vous-même à tout ce qu'il nous dit ?
Et pensiez-vous alors y mettre tant d'esprit ?

Eh bien, ce *peut-être* affirme donc sans *peut-être* aucun, que nous ne sommes pas coupables. Si *peut-être* dans l'intention nous avons été prêts à soutenir l'émeute, dans le fait nous ne l'avons pas soutenue, ou vous le diriez. Voyez-vous ce juge qui condamne un homme à la mort parce que *peut-être* cet homme a eu l'intention d'assassiner ? Et tous les religieux traqués et dispersés parce que *peut-être* quelques-uns n'auraient pas été fâchés de faire risette à une émeute... qui n'a pas eu lieu.

Encore n'apportez-vous pas l'ombre d'une preuve pour appuyer ce crime éventuel ! Ou avez-vous vu des religieux se promener dans la rue et sourire à ses agitations. Sont-ce les Chartreux descendus de leur montagne ? les Trappistes sortis de leur solitude ? les Carmélites en rupture de leur cloître ? Et ce trésor de l'émeute grossi de l'épargne des congrégations, riche sans doute d'un argent destiné à un usage saint : le service de Dieu et le service des malheureux ; et ces agents secrets (si secrets qu'on n'a jamais pu les découvrir), payés pour payer...Tout cela inventions et calomnies. On rougirait de les discuter. Qui les expose les réfute.

On dit, monsieur, qu'en rééditant ces pauvretés et ces indignités vous préparez votre candidature à l'Académie française. Il vous siérait d'être l'un des Quarante. Ce serait élégant. On penserait que votre esprit si fier sacrifie aux Muses et que les doctes sœurs le reposent par leurs jeux savants des labeurs de la politique. Serez-vous admis à vous asseoir parmi les immortels ? Nos académiciens ont fait, parfois, d'étranges choix. Je vous crois cependant beaucoup moins de chances qu'à M. Zola. Mais si quelque jour M. Zola ayant pénétré, par je ne sais quelle effraction, sous la coupole, votre candidature était posée, si les lettres françaises trouvaient par la voix de leurs représentants que vous avez bien mérité d'elles-mêmes et du pays, si elles jugeaient que vos derniers discours sont dignes d'être couronnés comme un des rares monuments qui font honneur à l'esprit humain ; si elles détournaient leurs yeux des couvents ruinés, des religieux bannis pour ne plus voir en vous que :

La voltige du verbe où se plaît l'avocat,

je demanderais que l'Académie achevât son

œuvre et vous donnât toute la louange qui vous est due.

Molière vivant n'entra point parmi les Quarante, il était exclu d'une compagnie honnête par sa profession de comédien et le libertinage de ses mœurs. Quand il fut mort, la maison de Mazarin se repentit de sa bonne action. La statue du poète pénétra sous la coupole et les Immortels contrits écrivirent :

Rien ne manque à sa gloire, il manquait à la nôtre.

Je trouverais fort bien non seulement votre personne mais aussi votre statue à l'Académie pourvu que sur le piédestal fût écrit le même vers... légèrement modifié :

Rien ne manque à sa honte, il manquait à la nôtre.

Je pense, monsieur, que nous n'avons plus grand'chose à nous dire. Laissez-moi désormais dormir sans plus me réveiller.

APPENDICE

Lorsque l'auteur écrivait les Lettres à M. Waldeck-Rousseau, il ne pouvait connaître la noble et fière déclaration des quatre Provinciaux de la Compagnie de Jésus, reproduite, les premiers jours d'octobre, par toute la presse indépendante. Mais on peut dire qu'il avait pressenti cette déclaration et qu'il en exprime toujours la doctrine. C'est pourquoi ce document devait être inséré ici. Par sa grave autorité, il confirme des opinions et des pensées toujours sérieuses dans le fond, même quand, dans la forme, elles paraissent quelquefois se jouer et sourire.

(Note de l'éditeur.)

DÉCLARATION DES PROVINCIAUX DE LA COMPAGNIE DE JÉSUS EN FRANCE

Le délai accordé par la loi du 1ᵉʳ juillet 1901 aux Congrégations religieuses pour demander l'autorisation touche à son terme.

Après avoir mûrement réfléchi, les soussignés Provinciaux de la Compagnie de Jésus en France, avec les religieux qu'ils représentent et dont ils vont se séparer, déclarent avoir résolu de s'abstenir de toute demande d'autorisation.

D'autres congrégations adoptant la même résolution ont déjà protesté, en prenant le chemin de l'exil, contre la situation que leur préparait la loi sur les associations. Et, de toutes parts, elles ont reçu les témoignages les plus éclatants et les plus mérités de respect et de sympathie.

Pour nous, qui avons lieu de craindre, après les fréquentes attaques dont nous avons été l'objet devant le Parlement, que nos intentions ne soient dénaturées et calomniées, nous croyons devoir faire connaître au public les graves motifs de notre abstention.

Nous ne nous dissimulons pas, en effet, que notre conduite sera sévèrement jugée par plusieurs ; on affectera d'y voir un refus de se soumettre aux lois du pays, une intransigeance de conduite inacceptable, peut-être même des visées secrètes et politiques. Nous protestons contre de pareilles interprétations.

La raison de cette conduite, elle se trouve uniquement dans la portée de la loi qu'on nous demande de sanctionner en quelque sorte, en l'acceptant. Nous ne jugeons pas pouvoir le faire.

En effet, cette loi, loi d'exception, nous blesse profondément dans nos droits les plus essentiels d'hommes libres, de citoyens, de catholiques, de religieux, et, en nous frappant, elle viole en nous les droits imprescriptibles de l'Eglise. C'est ce qu'a déclaré une voix dont l'autorité n'est méconnue de personne. « Nous réprouvons hautement de telles lois, parce qu'elles sont contraires au droit naturel et évangélique... et au droit absolu que l'Eglise a de fonder des instituts religieux exclusivement soumis à son autorité. » (Lettre de Léon XIII aux Supérieurs des Ordres religieux, 29 juin 1901.)

D'autres voix se sont aussi élevées pour condamner cette loi. Les deux Chambres ont entendu les protestations non seulement des catholiques, mais d'un bon nombre de leurs membres, qui, en dehors de toute préoccupation religieuse, la repoussent au nom des principes de la liberté. Les religieux si éloquemment défendus par eux leur en garderont une fidèle reconnaissance.

En dépit de leurs efforts, non seulement la loi fut votée, mais le jour même où elle était promulguée, paraissait, à l'*Officiel,* un arrêté qui en déterminait mieux l'esprit, en y ajoutant deux nouvelles dispositions non contenues dans la loi, et spécialement opposées à la dignité et aux droits du Saint-Siège. C'était la réponse de M. le président du conseil aux protestations du chef de l'Eglise. Vint ensuite le règlement d'administration. A son apparition, il fut évident que le gouvernement était résolu à ne garder aucun ménagement : les dispositions de l'arrêté lui-même étaient non seulement maintenues, mais encore aggravées ; c'était une nouvelle réponse aux solennelles réclamations du Saint-Siège.

Il était nécessaire, pour justifier la conduite des religieux qui ne demandent pas l'autorisation, de rappeler brièvement ces faits.

Ils prouvent assez que l'autorisation à laquelle on veut soumettre les Congrégations n'a pas pour but de prévenir certains abus possibles, comme on l'a dit, mais bien d'enchaîner irrévocablement les Congrégations à une loi d'exception qui viole les droits les plus essentiels de leurs membres et ceux de l'Eglise ; que cette loi, conçue et votée dans un esprit d'hostilité, sera appliquée dans le même esprit. C'est en vain que

M. le président du conseil s'est défendu de prendre à son compte certaines déclarations, d'une franchise gênante, faites aux Chambres ; la loi, en frappant immédiatement les Congrégations, atteint derrière elles l'Eglise.

Ses auteurs le savent et ils le veulent. Et l'affectation de M. le président du conseil de répondre à chacune des réclamations du Saint-Siège par une nouvelle aggravation de la loi, montre à l'évidence que telle est bien la pensée du gouvernement.

Et c'est le motif principal qui nous empêche de demander l'autorisation. La loi actuelle n'est qu'un nouveau pas en avant dans la guerre qui se poursuit contre l'Eglise. C'est l'Eglise qui est attaquée dans les congrégations et c'est elle que les Congrégations défendent en repoussant une autorisation qui a pour but de les asservir et de préparer l'asservissement de l'Eglise elle-même. Une telle autorisation, nous ne pouvons pas la demander.

En faisant cette déclaration, loin de nous la pensée de condamner ceux de nos frères dans la vie religieuse qui croient devoir prendre un autre parti. Nous savons combien la délibération est pleine d'angoisses. Forcés de choisir entre deux maux, tous deux très graves, entre les ruines de toutes sortes qui vont suivre l'abstention, et, d'autre part, l'atteinte profonde portée par la loi aux prérogatives de l'Eglise non moins qu'aux libertés individuelles, l'hésitation s'explique, et le Souverain Pontife lui-même, sous certaines réserves, a laissé aux Congrégations la faculté de déterminer. Plusieurs d'entre elles croient pouvoir trouver une formule de conciliation qui satisfasse le gouvernement sans sacrifier les droits du Saint-Siège.

Pour nous, entre le gouvernement qui persiste à mettre comme condition préalable à l'autorisation l'abandon par les Congrégations de l'exemption canonique et le Saint-Siège qui déclare « ne pas permettre qu'on méconnaisse ou amoindrisse l'exercice direct et immédiat de son autorité suprême sur les ordres ou instituts religieux » (Lettre du cardinal Gotti aux évêques de France, 10 juillet), nous avouons, avec tous les religieux qui ont pris le chemin de l'exil ou se sont dispersés, ne pas trouver de formule de conciliation.

Persuadés en outre que demander l'autorisation serait livrer aux adversaires de l'Eglise des œuvres cent fois approuvées par elle, sacrifier nos droits individuels, notre indépendance et notre dignité ;

Que ce serait porter une atteinte profonde à notre vie religieuse elle-même et dans ce qu'elle a de plus intime :

Que, mis enfin en position de rendre à la France un signalé service, en résistant, autant que nous le pouvons, à une persécution religieuse qui la tue, ce serait refuser de nous sacrifier pour elle ; il ne nous reste plus, croyons-nous, qu'à prendre le parti que nous dicte notre devoir de Français, de catholiques et de religieux. Et nous aimons à le croire, personne parmi ceux que n'aveuglent point l'esprit de parti et les passions sectaires, ne verra dans notre conduite un acte d'insubordination ou de révolte, mais uniquement l'accomplissement de ce que nous considérons comme notre devoir.

C'est une douloureuse résolution que nous sommes contraints de prendre. Toutes les œuvres auxquelles nous avons voué notre vie sont menacées de destruction. A une heure où l'avenir nous apparaît bien som-

bre, c'est notre plus grand regret de ne plus pouvoir
travailler au bien de la France, et de voir même com-
promises, dans les missions, des œuvres qui n'étaient
pas sans honneur et sans utilité pour elle. Cependant,
nous le déclarons, nous n'avons aucune amertume dans
l'âme contre ceux qui nous condamnent. Nous n'ou-
blions pas que nous sommes les disciples de Celui qui
a dit : « Priez pour ceux qui vous persécutent. » Daigne
la main miséricordieuse de Dieu arrêter la France sur
la pente fatale où on l'entraîne, c'est notre prière la
plus ardente.

Paris, 1ᵉʳ octobre 1901.

R. DE SCORRAILLE, S. J., PROVINCIAL
DE TOULOUSE ;

L. PEULTIER, S. J., PROVINCIAL DE
CHAMPAGNE ;

M.-G. LABROSSE, S. J., PROVINCIAL
DE PARIS ;

M. BOUILLON, S. J., PROVINCIAL DE
LYON.

TABLE DES MATIÈRES

Pages.

LETTRE VIme

LETTRE VIIme

LETTRE VIIIme

1616-01. — Imp. F. Blétit, 40, rue La Fontaine, Paris.

LIBRAIRIE B. BLOUD

4, RUE MADAME ET 59, RUE DE RENNES. — PARIS

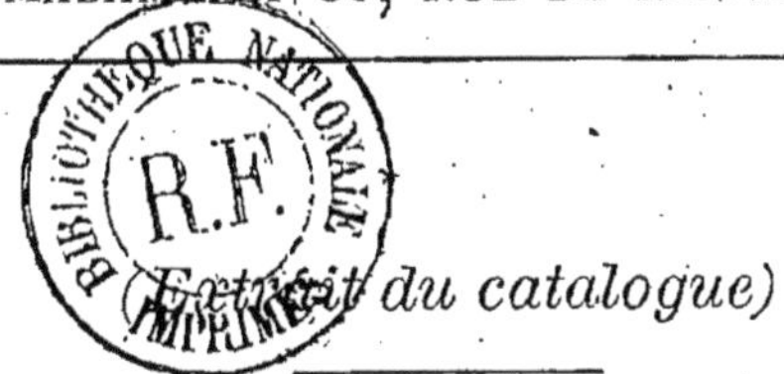

(Extrait du catalogue)

Le Père Gratry (1805-1872). L'Homme et
l'Œuvre, d'après des documents inédits, par le
R. P. CHAUVIN, de l'Oratoire, Supérieur de l'Ecole
Massillon. 1 vol. in-8 écu de 448 pages, orné d'un
beau portrait. — Prix : **5 fr.** ; *franco*...   **5 fr. 50**

**Vie et Pontificat de Sa Sainteté Léon
XIII,** par M. l'abbé Joseph GUILLERMIN, aumônier des
Ursulines de Jésus à Saint-Tropez, membre de
l'Académie pontificale des Arcades. *Avec Lettre-
Préface de S. G. Mgr Arnaud, évêque de Fréjus et
Toulon.* — 2 beaux vol. in-8 avec portrait. —
Prix **8 fr.** ; *franco en gare*............   **8 fr. 60**

Dire qu'un auteur possède les meilleurs éléments
d'intérêt lorsqu'il traite un sujet comme celui-ci serait
énoncer une vérité banale. Mais précisément l'abondance de la matière et son apparente facilité exposent
au désordre et à la prolixité fastidieuse. La mise en
œuvre est en pareil cas de toute première importance.

Conscient de ces difficultés, M. l'abbé Guillermin a
médité, durant de longues années, amassant laborieuse-
ment ses matériaux, le livre qu'il donne aujourd'hui
au public avec la conviction que l'œuvre est suffisamment mûrie.

Dans la partie biographique, il s'est efforcé d'être
complet, n'omettant aucun de ces détails caractéristiques
de la vie intime ou de la vie publique, par où se peut
éclairer la physionomie d'un personnage et qui, expli-
quant l'homme, expliquent aussi ses actes.

Enfin, il a surtout apporté ses soins à l'histoire du
Pontificat. Fidèle à l'ordre chronologique dans les
grandes lignes, il a su néanmoins grouper avec art

et exposer d'ensemble les faits capitaux qui se rapportent à une même nation et les événements qui ont entre eux une connexion naturelle.

Savamment ordonné, documenté avec la plus scrupuleuse érudition, rempli de détails inédits et curieux, l'ouvrage de M. l'abbé Guillermin s'agrémente de tous les charmes d'un style qu'une longue patience a pu amener à la plus impeccable correction.

Il constituera certainement le tableau le plus attrayant et le plus vaste que nous puissions désirer de l'histoire religieuse aux temps présents.

Henri Lasserre, *sa Vie, ses Missions, ses Lettres*, d'après des pièces et documents inédits, par Louis COLIN. 1 vol. in-18 jésus avec portrait et gravure. — Prix.. **3 fr. 50**
Franco.. **4 fr.** »

Tout le monde connaît la merveilleuse fortune du livre d'Henri Lasserre sur Notre-Dame de Lourdes. De sa vie cependant, tant publique que privée, sauf peut-être l'épisode de la conversion, on ignore tout. C'est dire que la présente biographie, due à la plume d'un ami qui vécut avec l'historien de Lourdes dans une intimité parfaite et qui a eu entre les mains les documents les plus intimes, sera une révélation.

L'ANGLETERRE AU XIX° SIÈCLE. — **La Reine Victoria** (1819-1901), par J. DE LA FAYE, lauréat de l'Académie française. 1 beau vol. in-8 avec portrait. — Prix : **4 fr.** ; *franco*.................. **4 fr. 50**

Les Principes ou *Essai sur le problème des destinées de l'homme*, par l'abbé Georges FRÉMONT, docteur en théologie, chanoine d'Alger et de Carthage, de Poitiers, de Nice et d'Albi. — I : *Importance souveraine et universelle du problème des destinées de l'homme pour l'individu, pour la famille et pour la société.* — 1 beau vol. in-8. Prix : **5 fr.** ; *franco*..................................... **5 fr. 50**

Ouvrage approuvé par NN. SS. les Évêques de Poitiers, Orléans et Nice

M. Frémont a pensé que le moment était venu de mettre en œuvre et de coordonner en une unité puissante le fruit de vingt-sept années d'un labeur persévérant ; et, appuyé sur des encouragements tels qu'on n'en saurait souhaiter de plus augustes (le Pape Léon XIII a daigné bénir l'œuvre, et le cardinal Rampolla encourager l'auteur), il commence la publication d'une série de volumes dont l'ensemble imposant doit constituer une *Apologie du Christianisme* définitive pour le temps présent.

Dans les quatorze volumes annoncés, dont chacun formera à lui seul un tout organique (*et vendu séparément*), les résultats vraiment acquis pendant le siècle écoulé sur le terrain des sciences ecclésiastiques et profanes viendront, dominés par une philosophie puissante, et unifiés par un plan large et compréhensif, projeter et confondre leurs faisceaux lumineux sur le grand problème de la destinée.

C'est de ce plan qu'il s'agit dans le premier volume, véritable « discours de la méthode ».

L'auteur y montre que l'homme étant doué d'intelligence (et cela de l'aveu même des matérialistes les plus obstinés et les plus subtils), ne peut organiser et diriger sa vie, s'il ne connaît le but final que sa vie doit se proposer. Au triple point de vue *individuel*, *domestique* et *social*, cette vérité est établie avec une parfaite netteté. L'auteur fait ici œuvre d'actualité car, dans le troisième livre de ce premier volume, il prouve que les divisions de l'heure présente proviennent d'un manque d'accord sur le but suprême de l'activité humaine. Ces pages éclairent vivement la *situation de l'Europe* et, en particulier, de la *France*.

Saint Paul et la Cité chrétienne, par l'abbé Ch. CALIPPE, docteur en théologie. 1 vol. in-18 jésus. — Prix 3 fr. ; *franco* .... 3 fr. 50

On a la surprise de se trouver ici en présence d'un saint Paul très vivant, très moderne, qui, malgré les siècles qui nous séparent de lui, reste des nôtres. Et il n'y a pas de plus piquant spectacle que de voir ce pauvre petit Juif, cet ouvrier de génie inaugurer tranquillement certaines des transformations présentes qui nous étonnent le plus, et souligner fortement, dans ses Epîtres, trois ou quatre idées qui correspondent précisément aux tendances les plus profondes de notre temps.

L'Apostolat de l'Enfance, *son Importance, son Histoire, sa Pratique,* par Mme M. MOISSON. 1 vol. in-12. — Prix : **1** fr. ; *franco..,........* **1** fr. **20**

Ce livre a été écrit à l'usage des catéchistes volontaires et des mères chrétiennes, afin de leur rendre plus facile et moins laborieux l'enseignement des vérités religieuses aux tout jeunes enfants. Toutes les indications véritablement pratiques ont été réunies ici.

Conférences familières aux Ouvriers. *Portraits, dictons, dialogues,* par LÉON DUPONT, conférencier populaire. — 1 vol. in-18 jésus. — Prix : **2** fr. ; *franco*................... **2** fr. **25**

Science et Religion, *Études pour le temps présent.* — Volumes in-12 de 64 pages compactes. — Prix, *franco*.................... **0** fr. **60** le vol.

NOUVEAUX OUVRAGES DE LA COLLECTION

SCIENCE ET RELIGION

(Les opuscules sont numérotés pour faciliter les commandes)

152-153 *Études de Sociologie.* **Introduction à l'étude de la Sociologie. Questions sociales et Écoles sociales,** par L. GARRIGUET, Supérieur du grand séminaire d'Avignon. 2 vol. Prix................................... **1 fr. 20**

154-155 *Études de Sociologie.* **La Propriété privée.** 2 vol. Prix.................... **1 fr. 20**

Tome I : *Légitimité et Origine de la Propriété privée.* — Tome II : *Caractères, étendue et charges du droit de la propriété privée.*

156 Les Croyances chinoises et japonaises, par Ch. GODARD, professeur agrégé d'Histoire et de Géographie, membre associé de l'Académie de Besançon...................... **1 vol.**

157 L'Influence de la Religion dans l'Art, par A. RENUCCI .... **1 vol.**

158 Qu'est-ce qu'un saint ? *Essai de psychologie surnaturelle,* par Dom Paul CHAUVIN, O. S. B. **1 vol.**

159 Les Phénomènes télépathiques et le secret de l'Au-delà, par le R. P. LODIEL, S. J., professeur de philosophie............ **1 vol.**

160 D'où viennent les moines ? *Étude historique,* par Dom BESSE, O. S. B............ **1 vol.**

161 Le Christianisme au pays de Ménélik, par I. L. GONDAL, prêtre de Saint-Sulpice, Supérieur du grand Séminaire de Toulouse.. 1 vol.

162 Les Raisons actuelles de croire. *Discours prononcé à Lille le 18 novembre 1900 pour la clôture du 27ᵉ Congrès des Catholiques du Nord*, par Ferdinand BRUNETIÈRE, de l'Académie française. *Augmenté d'une préface et de notes (édition officielle)*...................... 1 vol.

163 L'Eglise et l'Enseignement populaire sous l'Ancien régime, par le chanoine E. ALLAIN, curé de Saint-Ferdinand de Bordeaux... 1 vol.

164 Au Golgotha ou les derniers moments de Jésus, par l'abbé Constantin CHAUVIN, ancien professeur d'Ecriture sainte au Séminaire de Laval, Supérieur du petit Séminaire de Mayenne............. .... 1 vol.

165 *Du même auteur :* **Jésus-Christ est-il ressuscité ?**............................. 1 vol.

166 *Du même auteur :* **Histoire de l'Antéchrist,** *d'après la Bible et les Saints Pères.* 1 vol.

167 Les Juifs en France avant et depuis la Révolution. Comment ils ont conquis l'Egalité, par Joseph DENAIS-DARNAYS, avocat à la Cour d'appel de Paris, diplômé des Études supérieures d'Histoire et de Géographie. **1** vol.

168 La Constatation du miracle et l'Objection positiviste (LITTRÉ, RENAN, CHARCOT, ZOLA, etc., etc.), par l'abbé LEROY, ancien directeur de grand Séminaire...................... **1** vol.

169 *Du même auteur :* **La Constatation du Miracle. Croire sans voir est-il sage ?**

                                 1 vol.

170 Comment je suis arrivé à croire. *Confession d'un incroyant*, par le docteur FRANCUS. 1 vol.

171 Collectivisme et Communisme devant la doctrine catholique, par A. TOUSSAINT, licencié ès lettres. Préface par M. Max TURMANN.................................... 1 vol.

172 Le Protestantisme contemporain. *Ruine constitutionnelle*, par le Dr K. KROGH-TONNING. Traduction libre de l'allemand par Dom Urbain BALTUS, moine bénédictin de Maredsous (Belgique) 1 vol.

173 *Du même auteur :* **Le Protestantisme contemporain.** *Ruine doctrinale*, par les Drs K. KROGH-TONNING et U. BALTUS........ 1 vol.

174 Confucius, sa vie et sa doctrine, par A. CARON, ancien missionnaire au Japon.... 1 vol.

175 Conversion de saint Paul. — Saint Paul a-t-il été halluciné ? par l'abbé BOURGINE, curé-doyen de la Loupe, diocèse de Chartres. 1 vol.

176-177 Le Spiritualisme et le Progrès scientifique. Etude sur le mouvement philosophique au XIXe siècle, par Michel SALOMON. 2 vol. Prix.................... 1 fr. 20

178 Solidarité, pitié, charité. Examen de la nouvelle morale, par G. FONSEGRIVE, directeur de la *Quinzaine*................. 1 vol.

179-180 Le Catholicisme dans les Pays Scandinaves, par l'abbé Lucien CROUZIL, docteur en droit (ès sciences politiques et économiques), secrétaire de l'Académie de droit canonique à Paris. 2 vol. *se vendant séparément.*

   I. *Danemark et Islande*................. 1 vol.
   II. *Norvège et Suède*....................... 1 vol.

181 Petites religions d'Amérique, *Les Cures divines. Le Spiritisme,* par le baron CARRA DE VAUX, professeur à l'École libre des Hautes Études.

1 vol.

182 La Révolution française et l'Enseignement national (1789-1802), par le chanoine ALLAIN, curé de Saint-Ferdinand de Bordeaux.

1 vol.

183 La Déclaration des Droits de l'Homme et la Doctrine catholique, par l'abbé G. BRUGERETTE, professeur licencié d'histoire et de philosophie..................... 1 vol.

184 Le Pessimisme contemporain. *Ses précurseurs, ses représentants, ses sources,* par l'abbé C. MANO, docteur en philosophie............ 1 vol.

TABLE DES MATIÈRES : *L'énigme de la vie.* — CHAP. I. *Le Pessimisme littéraire.* — CHAP. II. *Le Pessimisme des philosophes.* — CHAP. III. *Le Pessimisme religieux.* — CHAP. IV. *La solution.*

185 Les Possédées de Loudun et Urbain Grandier. *Étude historique* par I. BERTRAND.

1 vol.

SOMMAIRE : — *Que faut-il penser d'Urbain Grandier et de la Possession des Ursulines ? Le curé de Saint-Pierre fut-il coupable du crime de Magie pour lequel on le condamna à mourir sur un bûcher ?*

186 LA PREMIÈRE ANNÉE SAINTE DU XIXe SIÈCLE. **Le Jubilé de 1825.** *Étude historique* par M. GEOFFROY DE GRANDMAISON..................... 1 vol.